junie b. jones®
주니 B. 존스와
멍청하고 냄새나는 버스

by BARBARA PARK

illustrated by
Denise Brunkus

CONTENTS

JUNIE B. JONES

세상에서 가장 엉뚱하고 재미있는 아이, 주니 B. 존스의 좌충우돌 성장기!

『주니 B. 존스(Junie B. Jones)』시리즈는 호기심 많은 개구쟁이 소녀 주니 B.가 일상에서 마주하는 다양한 상황을 재치 있게 담고 있습니다. 주니 B.는 언제나 자신의 감정을 솔직하게 표현하며, 재미있는 생각이 떠오르면 주저없이 실행에 옮기는 적극적인 여섯 살 소녀입니다. 이렇게 유쾌하고 재기 발랄한 주니 B. 존스의 성장기는 지금까지 전 세계적으로 6천 5백만 부 이상 판매되며 수많은 독자들에게 사랑받았고, 연극과 뮤지컬로 제작되기도 했습니다.

저자 바바라 파크(Barbara Park)는 첫 등교, 친구 관계, 동생에 대한 고민 등과 같이 일상 속 다양한 상황에서 아이들이 느끼는 감정을 그들의 시선으로 탁월하게 묘사했습니다. 특히 아이들이 영어로 말할 때 저지르기 쉬운 실수도 자연스럽게 녹여 내어, 이야기에 더욱 공감하게 합니다.

이러한 이유로 『주니 B. 존스』시리즈는 '엄마표 영어'를 진행하는 부모님과 초보 영어 학습자에게 반드시 읽어야 할 영어원서로 자리 잡았습니다. 친근한 어휘와 쉬운 문장으로 쓰여 있어 더욱 몰입하여 읽을 수 있는 『주니 B. 존스』시리즈는 영어원서가 친숙하지 않은 학습자들에게도 즐거운 원서 읽기 경험을 선사할 것입니다.

퀴즈와 단어장, 그리고 번역까지 담긴 알찬 구성의 워크북!

이 책은 영어원서 『주니 B. 존스』시리즈에, 탁월한 학습 효과를 거둘 수 있도록 다양한 콘텐츠를 덧붙인 책입니다.

- 영어원서: 본문에 나온 어려운 어휘에 볼드 처리가 되어 있어 단어를 더욱 분명히 인지하며 자연스럽게 암기하게 됩니다.
- 단어장: 원서에 나온 어려운 어휘가 '한영'은 물론 '영영' 의미까지 완벽하게 정리되어 있으며, 반복되는 단어까지 표시하여 자연스럽게 복습이 되도록 구성했습니다.
- 번역: 영어와 비교할 수 있도록 직역에 가까운 번역을 담았습니다. 원서 읽기에 익숙하지 않은 초보 학습자도 어려움 없이 내용을 파악할 수 있습니다.
- 퀴즈: 챕터별로 내용을 확인하는 이해력 점검 퀴즈가 들어 있습니다.

『주니 B. 존스』, 이렇게 읽어 보세요!

- **단어 암기는 이렇게!** 처음 리딩을 시작하기 전, 해당 챕터에 나오는 단어를 눈으로 쭉 훑어봅니다. 모르는 단어는 좀 더 주의 깊게 보되, 손으로 쓰면서 완벽하게 암기할 필요는 없습니다. 본문을 읽으면서 이 단어를 다시 만나게 되는데, 그 과정에서 단어의 쓰임새와 어감을 자연스럽게 익히게 됩니다. 이렇게 책을 읽은 후에, 단어를 다시 한번 복습하세요. 복습할 때는 중요하다고 생각하는 단어들을 손으로 쓰면서 꼼꼼하게 외우는 것도 좋습니다. 이런 방식으로 책을 읽다 보면, 많은 단어를 빠르고 부담 없이 익히게 됩니다.

- **리딩할 때는 리딩에만 집중하자!** 원서를 읽는 중간중간 모르는 단어가 나온다고 워크북을 들춰 보거나, 곧바로 번역을 찾아보는 것은 매우 좋지 않은 습관입니다. 모르는 단어나 이해가 가지 않는 문장이 나온다고 해도 펜으로 가볍게 표시만 해 두고, 전체적인 맥락을 잡아 가며 빠르게 읽어 나가세요. 리딩을 할 때는 속도에 대한 긴장감을 잃지 않으면서 리딩에만 집중하는 것이 좋습니다. 모르는 단어와 문장은, 리딩이 끝난 후에 한꺼번에 정리하는 '리뷰' 시간을 통해 점검합니다. 리뷰를 할 때는 번역은 물론 단어장과 사전도 꼼꼼하게 확인하면서 왜 이해가 되지 않았는지 확인해 봅니다.

- **번역 활용은 이렇게!** 이해가 가지 않는 문장은 번역을 통해서 그 의미를 파악할 수 있습니다. 하지만 한국어와 영어는 정확히 1:1 대응이 되지 않기 때문에 번역을 활용하는 데에도 지혜가 필요합니다. 의역이 된 부분까지 억지로 의미를 대응해서 암기하려고 하기보다, 어떻게 그런 의미가 만들어진 것인지 추측하면서 번역은 참고 자료로 활용하는 것이 좋습니다.

- **2~3번 반복해서 읽자!** 영어 초보자라면 2~3회 반복해서 읽을 것을 추천합니다. 초보자일수록 처음 읽을 때는 생소한 단어와 스토리 때문에 내용 파악에 급급할 수밖에 없습니다. 하지만 일단 내용을 파악한 후에 다시 읽으면 어휘와 문장 구조 등 다른 부분까지 관찰하면서 조금 더 깊이 있게 읽을 수 있고, 그 과정에서 리딩 속도도 빨라지고 리딩 실력을 더 확고하게 다지게 됩니다.

- **'시리즈'로 꾸준히 읽자!** 한 작가의 책을 시리즈로 읽는 것 또한 영어 실력 향상에 큰 도움이 됩니다. 같은 등장인물이 다시 나오기 때문에 내용 파악이 더 수월할 뿐 아니라, 작가가 사용하는 어휘와 표현들도 자연스럽게 반복되기 때문에 탁월한 복습 효과까지 얻을 수 있습니다. 『주니 B. 존스』 시리즈는 현재 3권, 총 18,819단어 분량이 출간되어 있습니다. 시리즈를 꾸준히 읽다 보면 영어 실력도 자연스럽게 향상될 것입니다.

영어원서 본문 구성

내용이 담긴 본문입니다.
원어민이 읽는 일반 원서와 같은 텍스트지만, 암기해야 할 중요 어휘는 볼드체로 표시되어 있습니다. 이 어휘들은 지금 들고 계신 워크북에 챕터별로 정리되어 있습니다.

학습 심리학 연구 결과에 따르면, 한 단어씩 따로 외우는 단어 암기는 거의 효과가 없다고 합니다. 대신 단어를 제대로 외우기 위해서는 문맥(Context) 속에서 단어를 암기해야 하며, 한 단어 당 문맥 속에서 15번 이상 마주칠 때 완벽하게 암기할 수 있다고 합니다.

이 책의 본문은 중요 어휘를 볼드로 강조하여, 문맥 속의 단어들을 더 확실히 인지(Word Cognition in Context)하도록 돕고 있습니다. 또한 대부분의 중요한 단어는 다른 챕터에서도 반복해서 등장하기 때문에 이 책을 읽는 것만으로도 자연스럽게 어휘력을 향상시킬 수 있습니다.

또한 본문에는 내용 이해를 돕기 위해 '각주'가 첨가되어 있습니다. 각주는 굳이 암기할 필요는 없지만, 알아 두면 내용을 더 깊이 있게 이해할 수 있어 원서를 읽는 재미가 배가됩니다.

워크북(Workbook)의 구성

Check Your Reading Speed
해당 챕터의 단어 수가 기록되어 있어, 리딩 속도를 측정할 수 있습니다. 특히 리딩 속도를 중시하는 독자는 유용하게 사용할 수 있습니다.

Build Your Vocabulary
본문에 볼드 표시되어 있는 단어가 정리되어 있습니다. 리딩 전, 후에 반복해서 보면 원서를 더욱 쉽게 읽을 수 있고, 어휘력도 빠르게 향상됩니다.

단어는 〈빈도 - 스펠링 - 발음기호 - 품사 - 한국어 뜻 - 영어 뜻〉 순서로 표기되어 있으며 빈도 표시(★)가 많을수록 필수 어휘입니다. 반복해서 등장하는 단어는 빈도 대신 '복습'으로 표기되어 있습니다. 품사는 아래와 같이 표기했습니다.

n. 명사 | a. 형용사 | ad. 부사 | v. 동사
conj. 접속사 | prep. 전치사 | int. 감탄사 | idiom 숙어 및 관용구

Comprehension Quiz
간단한 퀴즈를 통해 읽은 내용에 대한 이해력을 점검해 볼 수 있습니다.

번역
영문과 비교할 수 있도록 최대한 직역에 가까운 번역을 담았습니다.

이 책의 수준과 타깃 독자

- 미국 원어민 기준: 유치원 ~ 초등학교 저학년
- 한국 학습자 기준: 초등학교 저학년 ~ 중학생
- 영어원서 완독 경험이 없는 초보 영어 학습자 (토익 기준 450~750점대)
- 비슷한 수준의 다른 챕터북: Arthur Chapter Book, Flat Stanley, The Zack Files, Magic Tree House, Marvin Redpost
- 도서 분량: 약 6,000단어

아이도 어른도 재미있게 읽는 영어원서를
〈롱테일 에디션〉으로 만나 보세요!

아서 챕터북 시리즈

플랫 스탠리 시리즈

Chapter
1

1. **What did Junie B. think about her name?**

   A. She wanted to change her whole name.

   B. She liked the first letter of her middle name.

   C. She knew that her first name was hard to remember.

   D. She thought that her last name was very special.

2. **When did Junie B. first meet her kindergarten teacher?**

   A. Before school started

   B. On the first day of kindergarten

   C. On her sixth birthday

   D. When her teacher joined the school

3. What did Junie B. do when she met her teacher?

A. She pretended not to be nervous.

B. She talked about her outfit.

C. She sang the alphabet.

D. She asked if she could watch TV.

4. Why did Junie B. get more and more frustrated?

A. She had no idea what a bus was.

B. She did not want to talk about the bus.

C. She was not sure if she could ride a bus.

D. She wanted to know where the bus would go.

5. What did Junie B.'s mother explain to Junie B.?

A. She must not interrupt conversations.

B. She was acting like a baby.

C. She would take a bus to school.

D. She should be nice to other kids.

Check Your Reading Speed

1분에 몇 단어를 읽는지 리딩 속도를 측정해 보세요.

$$\frac{638 \text{ words}}{\text{reading time ( ) sec}} \times 60 = (\quad) \text{ WPM}$$

Build Your Vocabulary

stand for idiom 나타내다; 옹호하다
If one or more letters stand for a word or name, they are the first letter or letters of that word or name and they represent it.

‡ except [iksépt] conj. ~이지만, ~라는 점만 제외하면; prep. ~ 외에는; v. 제외하다
You can use except to introduce a statement that makes what you have just said seem less true or less possible.

that's all idiom 그게 다이다, 그뿐이다
You can say 'that's all' at the end of a sentence when you say that there is nothing more involved than what you have mentioned.

kindergarten [kíndərgàːrtn] n. 유치원
A kindergarten is a school or class for children aged 4 to 6 years old. It prepares them to go into the first grade.

‡ decorate [dékərèit] v. 장식하다, 꾸미다; (훈장을) 수여하다
If you decorate something, you make it more attractive by adding things to it.

bulletin board [búlitən bɔːrd] n. 게시판
A bulletin board is a board which is usually attached to a wall in order to display notices giving information about something.

‡‡ fit [fit] v. (모양·크기가) 맞다; 적절하다; 어울리게 하다; a. 적합한, 알맞은; 건강한
If something fits, it is the right size and shape to go onto a person's body or onto a particular object.

★ **shiny** [ʃáini] a. 빛나는, 반짝거리는
Shiny things are bright and reflect light.

★ **lick** [lik] v. 핥다; 핥아 먹다; n. 한 번 핥기, 핥아 먹기
When people or animals lick something, they move their tongue across its surface.

★ **devil** [devl] n. 악마, 악귀
A devil is an evil spirit.

★ **horn** [hɔːrn] n. (양·소 등의) 뿔; (차량의) 경적
The horns of an animal such as a cow or deer are the hard pointed things that grow from its head.

⁑ **stick** [stik] v. 찌르다; 붙이다, 들러붙다; 집어넣다; n. 나뭇가지, 막대기
(stick out idiom 튀어나오다; 내밀다)
If something is sticking out from a surface or object, it extends up or away from it.

be supposed to idiom ~하기로 되어 있다
If you are supposed to do something, you are expected or required to do it according to a rule, a custom, or an arrangement.

scary [skéəri] a. 무서운, 겁나는
Something that is scary is rather frightening.

★ **stuff** [stʌf] n. 것, 물건, 일; v. 채워 넣다; 쑤셔 넣다
You can use stuff to refer to things such as a substance, a collection of things, events, or ideas, or the contents of something in a general way without mentioning the thing itself by name.

⁑ **shelf** [ʃelf] n. (pl. shelves) 책꽂이, (책장의) 칸; 선반
A shelf is a flat piece of wood, plastic, metal, or glass that is attached to the wall or is part of a piece of furniture, used for putting things on.

holler [hálər] v. 소리 지르다, 고함치다; n. 고함, 외침
If you holler, you shout loudly.

roll one's eyes idiom 눈을 굴리다
If you roll your eyes or if your eyes roll, they move round and upward to show you are bored or annoyed.

‡ **ceiling** [síːliŋ] n. 천장
A ceiling is the horizontal surface that forms the top part or roof inside a room.

‡ **ride** [raid] v. (말·차량 등을) 타다; n. (말·차량 등을) 타고 달리기
When you ride a vehicle such as a car, you travel in it, especially as a passenger.

‡ **nod** [nad] v. (고개를) 끄덕이다, 까딱하다; n. (고개를) 끄덕임
If you nod, you move your head downward and upward to show that you are answering 'yes' to a question, or to show agreement, understanding, or approval.

★ **tap** [tæp] v. (가볍게) 톡톡 두드리다; n. (가볍게) 두드리기
If you tap something, you hit it with a quick light blow or a series of quick light blows.

‡ **cover** [kʌ́vər] v. 가리다; 덮다; n. 덮개, 커버; 표지
If you cover something, you place something else over it in order to protect it, hide it, or close it.

‡ **stamp** [stæmp] v. (발을) 구르다; 쿵쿵거리며 걷다; (도장 등을) 찍다; n. (발을) 쿵쿵거리기; 도장
If you stamp or stamp your foot, you lift your foot and put it down very hard on the ground, for example because you are angry.

smelly [sméli] a. 냄새나는
Something that is smelly has an unpleasant smell.

★ **frown** [fraun] v. 얼굴을 찡그리다; 눈살을 찌푸리다; n. 찡그림, 찌푸림
When someone frowns, their eyebrows become drawn together, because they are annoyed or puzzled.

★ **eyebrow** [áibràu] n. 눈썹
Your eyebrows are the lines of hair which grow above your eyes.

grumpy [grʌ́mpi] a. 성격이 나쁜
If you say that someone is grumpy, you mean that they are bad-tempered and miserable.

watch oneself idiom 조심해, 신중하게 행동해
If you say 'watch yourself' to someone, you warn them to be careful not to do something offensive or harmful.

⁎ **instead** [instéd] ad. 대신에
If you do one thing instead of another, you do the first thing and not the second thing, as the result of a choice or a change of behavior.

babyish [béibiiʃ] a. 아기 같은
Babyish actions, feelings, or looks are like a baby's, or are immature.

⁎ **beat** [biːt] v. 때리다; 이기다; (심장이) 고동치다; n. 리듬; 고동, 맥박
If you beat someone or something, you hit them very hard.

parking lot [páːrkiŋ lat] n. 주차장
A parking lot is an area of ground where people can leave their cars.

Chapter
2

1. What was Junie B. worried about?

A. Riding the bus

B. Making new friends

C. A bad dream

D. Her clothes for school

2. What happened to Junie B. at home in the morning?

A. She woke up late.

B. She was not allowed to watch TV.

C. She could not find her sweater.

D. She could not eat breakfast.

3. Why didn't Junie B. talk to the little girl at the corner?

  A. She did not like the girl's curly hair.

  B. She did not notice the girl standing there.

  C. She was not friends with the girl.

  D. She was not the same age as the girl.

4. What happened when the bus arrived?

  A. The little girl covered her ears.

  B. Junie B. could not move.

  C. The bus driver acted unfriendly.

  D. The bus door opened and closed quickly.

5. What did Junie B.'s mother suggest?

  A. She suggested that Junie B. greet Mr. Woo.

  B. She suggested that Junie B. smile at the other kids.

  C. She suggested that Junie B. sit with the little girl.

  D. She suggested that Junie B. choose an empty seat.

Check Your Reading Speed

1분에 몇 단어를 읽는지 리딩 속도를 측정해 보세요.

$$\frac{369 \text{ words}}{\text{reading time } (\quad) \text{ sec}} \times 60 = (\quad) \text{ wPM}$$

Build Your Vocabulary

⋆ **squeeze** [skwiːz] v. (꼭) 쥐다, 짜다; (좁은 곳에) 비집고 들어가다; n. (꼭) 껴안기, 쥐기
If you squeeze something, you press it firmly, usually with your hands.

⋆ **scare** [skɛər] v. 무서워하다; 놀라게 하다; n. 불안(감); 놀람, 공포
(scared a. 무서워하는, 겁먹은)
If you are scared of someone or something, you are frightened of them.

⋆ **tuck** [tʌk] v. (따뜻하게) 덮어 주다; 집어넣다, 끼워 넣다; 밀어 넣다; n. 주름, 단
If you tuck someone in, especially a child, you put them into bed and make sure that they are warm and comfortable by covering them well.

sickish [síkiʃ] a. 토할 것 같은, 메스꺼운
If you feel sickish, you are somewhat ill and about to vomit.

복습 **ride** [raid] v. (말·차량 등을) 타다; n. (말·차량 등을) 타고 달리기
When you ride a vehicle such as a car, you travel in it, especially as a passenger.

복습 **kindergarten** [kíndərgàːrtn] n. 유치원
A kindergarten is a school or class for children aged 4 to 6 years old. It prepares them to go into the first grade.

rumple [rʌmpl] v. (머리털 등을) 헝클어 놓다; (옷·종이 등을) 구기다; n. 구김살, 주름
If you rumple someone's hair, you move your hand backward and forward through it as your way of showing affection to them.

droopy [drúːpi] a. 지친, 의기소침한; 축 늘어진
If your feel droopy, you start to feel less happy and energetic.

stomach [stʌ́mək] n. 배, 복부, 위(胃)
You can refer to the front part of your body below your waist as your stomach.

fuzzy [fʌ́zi] a. 솜털이 보송보송한; 흐릿한, 어렴풋한
If something is fuzzy, it has a covering that feels soft and like fur.

tuna [tjúːnə] n. 참치, 참다랑어
Tuna or tuna fish are large fish that live in warm seas and are caught for food.

curly [kɔ́ːrli] a. 곱슬곱슬한
Curly hair is full of curving shapes, like part of a circle.

brake [breik] n. 브레이크, 제동 장치; 제동; v. 브레이크를 밟다; 속도를 줄이다
Brakes are devices in a vehicle that make it go slower or stop.

screech [skriːʧ] v. 끼익 하는 소리를 내다; 꽥 하는 소리를 내다;
n. 끼익 (하는 날카로운 소리); 꽥 (하는 소리)
If a vehicle screeches somewhere or if its tires screech, its tires make an unpleasant high-pitched noise on the road.

cover [kʌ́vər] v. 가리다; 덮다; n. 덮개, 커버; 표지
If you cover something, you place something else over it in order to protect it, hide it, or close it.

hop [hap] v. (비행기·버스·기차 등에) 타다; 깡충깡충 뛰다; 급히 움직이다; n. 깡충깡충 뛰기
If you hop somewhere, you get into, onto, or out of a vehicle quickly, usually to go a short distance.

except [iksépt] conj. ~이지만, ~라는 점만 제외하면; prep. ~ 외에는; v. 제외하다
You can use except to introduce a statement that makes what you have just said seem less true or less possible.

go on idiom 자자, 어서; (어떤 상황이) 계속되다; 말을 계속하다
You say 'Go on' to someone to persuade or encourage them to do something.

Chapter
3

1. Why didn't the little girl want to sit with Junie B.?

A. She needed extra space for her purse.

B. She did not trust strangers.

C. She planned to sit with someone else.

D. She thought that Junie B. was rude.

2. Why didn't Jim want to sit with Junie B.?

A. She did not have a cool backpack.

B. She unzipped his backpack.

C. She made fun of his backpack.

D. She tried to steal his backpack.

3. What was one reason that Junie B. did not like the bus?

A. It was hot and her window did not open.

B. It was quiet because no one spoke.

C. It smelled like food, so she was hungry.

D. It moved so slowly that she got sleepy.

4. What did Junie B. do on the bus?

A. She kept checking the time.

B. She stayed silent.

C. She changed seats.

D. She got emotional.

5. What happened when the bus arrived at school?

A. Everyone waited for Mrs.

B. Mr. Woo hopped off first.

C. All the kids pushed each other to get off.

D. The bus door was stuck.

Check Your Reading Speed
1분에 몇 단어를 읽는지 리딩 속도를 측정해 보세요.

$$\frac{790 \ words}{reading \ time \ (\qquad) \ sec} \times 60 = (\qquad) \ WPM$$

Build Your Vocabulary

복습 **smelly** [sméli] a. 냄새나는
Something that is smelly has an unpleasant smell.

★ **cloth** [klɔːθ] n. (특정 용도의) 천; 옷감, 직물
A cloth is a piece of cloth which you use for a particular purpose, such as cleaning something or covering something.

복습 **curly** [kə́ːrli] a. 곱슬곱슬한
Curly hair is full of curving shapes, like part of a circle.

복습 **tap** [tæp] v. (가볍게) 톡톡 두드리다; n. (가볍게) 두드리기
If you tap something, you hit it with a quick light blow or a series of quick light blows.

★ **purse** [pəːrs] n. 손가방; (작은) 지갑; v. (입술을) 오므리다
A purse is a small bag that women carry.

make a face idiom 얼굴을 찌푸리다, 침울한 표정을 짓다
If you make a face, you show a feeling such as dislike or disgust by putting an exaggerated expression on your face.

★ **mean** [miːn] a. 못된, 심술궂은; v. ~할 작정으로 말하다; 의미하다
If someone is being mean, they are being unkind to another person, for example by not allowing them to do something.

★ **regular** [régjulər] a. 일반적인, 평범한; 규칙적인; n. 단골손님, 고정 고객
Regular is used to mean 'normal.'

ᶠᵒˡᵈ fold [fould] v. 접다, 접히다; (두 손·팔 등을) 끼다; n. 주름; 접힌 부분
If a piece of furniture or equipment folds or if you can fold it, you can make it smaller by bending or closing parts of it.

whish [wiʃ] v. 휙 하고 소리 나다, 움직이다; n. 휙 하는 소리
If something whishes or if you whish it, it moves quickly through the air, making a soft sound.

ᵃᶜᶜ accident [ǽksidənt] n. 우연; 사고, 사건 (by accident idiom 우연히)
If something happens by accident, it happens by chance, without being planned.

squishy [skwíʃi] a. 질척질척한, 질퍽한
If something is squishy, it is soft and wet when it is pressed.

⋆roar [rɔːr] n. (기계·차 등의) 굉음; 으르렁거림; v. 고함치다; 으르렁거리다
A roar is a loud noise made by something such as an engine or a storm.

⋆puff [pʌf] n. (작은 양의) 공기, 연기; (담배 등을) 피우기; v. (연기·김을) 내뿜다
A puff of something such as air or smoke is a small amount of it that is blown out from somewhere.

ᵃ smoke [smouk] n. 연기; v. 연기를 내뿜다; (담배를) 피우다; 질주하다
Smoke consists of gas and small bits of solid material that are sent into the air when something burns.

복습 brake [breik] n. 브레이크, 제동 장치; 제동; v. 브레이크를 밟다; 속도를 줄이다
Brakes are devices in a vehicle that make it go slower or stop.

screechy [skríːʃi] a. 끼익 하고 날카로운 소리를 내는
If you describe something as screechy, you mean that it makes a long, loud, high noise that is unpleasant to hear.

복습 cover [kʌ́vər] v. 가리다; 덮다; n. 덮개, 커버; 표지
If you cover something, you place something else over it in order to protect it, hide it, or close it.

⋆commercial [kəmə́ːrʃəl] n. (텔레비전·라디오의) 광고; a. 상업의; 상업적인
A commercial is an advertisement that is broadcast on television or radio.

grouchy [gráutʃi] a. 불평이 많은, 잘 투덜거리는
If someone is grouchy, they are very bad-tempered and complain a lot.

plop [plap] v. 털썩 주저앉다; 떨어뜨리다; 풍덩 하고 떨어지다; n. 풍덩 (하는 소리)
If someone plops or you plop them, they sit down or land heavily or without taking care.

* **wipe** [waip] v. (먼지·물기 등을) 닦다; 지우다; n. 닦기
If you wipe dirt or liquid from something, you remove it, for example by using a cloth or your hand.

* **cheek** [tʃi:k] n. 뺨, 볼; 엉덩이
Your cheeks are the sides of your face below your eyes.

backpack [bǽkpæk] n. 책가방, 배낭
A backpack is a bag with straps that go over your shoulders, so that you can carry things on your back when you are walking or climbing.

* **trash** [træʃ] n. 쓰레기; v. 부수다; (필요 없는 것을) 버리다 (trash can n. 쓰레기통)
A trash can is a large round container where people put unwanted things or waste material.

gushy [gʌ́ʃi] a. 곤죽 같은; 끈적끈적한
If you describe something as gushy, you mean that it is very soft and sticky.

zipper [zípər] n. 지퍼; v. 지퍼로 잠그다
A zipper is a device used to open and close parts of clothes and bags.

‡ **count** [kaunt] v. (수를) 세다; 중요하다; 간주하다; 인정하다; n. 수치; 셈, 계산
If you count all the things in a group, you add them up in order to find how many there are.

* **zip** [zip] v. 지퍼를 잠그다; (어떤 방향으로) 쌩 하고 가다; n. 지퍼 (unzip v. 지퍼를 열다)
When you unzip something which is fastened by a zip or when it unzips, you open it by pulling open the zip.

yell [jel] v. 고함치다, 소리 지르다; n. 고함, 외침
If you yell, you shout loudly, usually because you are excited, angry, or in pain.

meanie [míːni] n. 심술쟁이, 쩨쩨한 사람
A meanie is used especially by children to describe someone who is unkind, unpleasant, or not generous.

fuzzy [fʌ́zi] a. 솜털이 보송보송한; 흐릿한, 어렴풋한
If something is fuzzy, it has a covering that feels soft and like fur.

roll [roul] v. 돌리다; 굴리다; 구르다, 굴러가다; n. (둥글게 말아 놓은) 통, 두루마리
(roll down idiom (손잡이를 돌려서) 열다)
If you roll down something such as a car window or a blind, you cause it to move downward by turning a handle.

handle [hændl] n. 손잡이; v. (사람·작업 등을) 처리하다; 들다, 옮기다
A handle is a small round object or a lever that is attached to a door and is used for opening and closing it.

glove compartment [glʌ́v kəmpàːrtmənt] n. (자동차 앞좌석 앞에 있는) 사물함
The glove compartment in a car is a small cupboard or shelf below the front windscreen.

tissue [tíʃuː] n. 화장지; (세포) 조직
A tissue is a piece of thin soft paper that you use to blow your nose.

sleeve [sliːv] n. (옷의) 소매, 소맷자락
The sleeves of a coat, shirt, or other item of clothing are the parts that cover your arms.

flagpole [flǽgpoul] n. 깃대
A flagpole is a tall pole on which a flag can be displayed.

playground [pléigràund] n. (학교의) 운동장; 놀이터
A playground is a piece of land, at school or in a public area, where children can play.

parking lot [páːrkiŋ lat] n. 주차장
A parking lot is an area of ground where people can leave their cars.

squish [skwiʃ] v. 찌부러뜨리다, 으깨다; 찌부러지다
If you squish someone or something soft, you press hard on them.

holler [hálər] v. 소리 지르다, 고함치다; n. 고함, 외침
If you holler, you shout loudly.

footprint [fútprint] n. (사람·동물의) 발자국
A footprint is a mark in the shape of a foot that a person or animal makes in or on a surface.

soil [sɔil] v. 더럽히다; n. 토양, 흙; 국가, 국토, 땅
If you soil something, you make it dirty.

brush [brʌʃ] v. (솔이나 손으로) 털다; 솔질을 하다; (붓을 이용하여) 바르다; n. 붓; 솔
If you brush something somewhere, you remove it with quick light movements of your hands.

come off idiom (얼룩이) 빠지다; 떨어지다; (계획 등이) 성공하다
If something such as dirt or paint comes off something, it is removed by washing or rubbing.

frown [fraun] n. 찡그림, 찌푸림; v. 얼굴을 찡그리다; 눈살을 찌푸리다
A frown is an expression on your face when you move your eyebrows together because you are angry, unhappy, or confused.

Chapter
4

1. **Why didn't Junie B. sit in the red chair?**

   A. She wanted to stay away from Jim.

   B. She preferred the color yellow.

   C. The red chair was gone.

   D. Another girl sat there first.

2. **What was the students' first work?**

   A. Writing their names

   B. Learning how to spell

   C. Introducing themselves to the class

   D. Making pins for their friends

3. What did NOT happen at school?

A. The students drew pictures of their family.

B. Junie B. and Lucille walked as buddies.

C. Jim got hurt and went to the nurse's office.

D. The class took a tour of the school.

4. What did Junie B. think of the Media Center?

A. She was shocked because there were not many books.

B. She was excited because she loved books.

C. She was concerned because she could not read.

D. She was happy because there were only picture books.

5. What did Jim do to Junie B.?

A. He completely ignored her.

B. He was mean to her.

C. He tried to hold her hand.

D. He copied everything that she did.

Check Your Reading Speed
1분에 몇 단어를 읽는지 리딩 속도를 측정해 보세요.

$$\frac{856 \text{ words}}{\text{reading time (\quad) sec}} \times 60 = (\qquad) \text{ WPM}$$

Build Your Vocabulary

turn out idiom ~인 것으로 드러나다; 되어 가다; 나타나다
If things turn out, they are discovered or they prove to be the case finally and surprisingly.

line up idiom 줄을 서다
If people line up, they form a line, standing one behind the other or beside each other.

✱ **lock** [lak] v. (자물쇠로) 잠그다; 고정시키다; n. 잠금장치 (unlock v. 열다)
If you unlock something such as a door, a room, or a container that has a lock, you open it using a key.

복습 **squeeze** [skwiːz] v. (좁은 곳에) 비집고 들어가다; (꼭) 쥐다, 짜다; n. (꼭) 껴안기, 쥐기
If you squeeze a person or thing somewhere or if they squeeze there, they manage to get through or into a small space.

at once idiom 동시에; 즉시
If a number of different things happen at once or all at once, they all happen at the same time.

✱ **scratch** [skrætʃ] n. 긁힌 자국; 긁는 소리; v. 긁다; 긁힌 자국을 내다
Scratches on someone or something are small shallow cuts.

✱✱ **mark** [maːrk] n. 자국, 흔적; v. 자국을 내다; 표시하다
A mark is a small area of something such as dirt that has accidentally got onto a surface or piece of clothing.

ᵇᵘ shiny [ʃáini] a. 빛나는, 반짝거리는
Shiny things are bright and reflect light.

⋆ toe [tou] n. 발가락
Your toes are the five movable parts at the end of each foot.

ᵇᵘ lick [lik] v. 핥다; 핥아 먹다; n. 한 번 핥기, 핥아 먹기
When people or animals lick something, they move their tongue across its surface.

⋆ dumb [dʌm] a. 멍청한, 바보 같은; 말을 못 하는
If you call a person dumb, you mean that they are stupid or foolish.

⁑ bend [bend] v. (bent-bent) (몸·머리를) 굽히다, 숙이다; 구부리다; n. (도로·강의) 굽은 곳
When you bend, you move the top part of your body downward and forward.

ᵇᵘ nod [nad] v. (고개를) 끄덕이다, 까딱하다; n. (고개를) 끄덕임
If you nod, you move your head downward and upward to show that you are answering 'yes' to a question, or to show agreement, understanding, or approval.

⋆ clap [klæp] v. 박수를 치다; (갑자기·재빨리) 놓다; n. 박수; 쿵 하는 소리
When you clap, you hit your hands together to show appreciation or attract attention.

⋆ fingernail [fíŋgərnèil] n. 손톱
Your fingernails are the thin hard areas at the end of each of your fingers.

⋆ closet [klázit] n. 벽장
A closet is a piece of furniture with doors at the front and shelves inside, which is used for storing things.

⁑ supply [səplái] n. 지급품, 비품; 공급, 제공; v. 공급하다
You can use supplies to refer to food, equipment, and other essential things that people need, especially when these are provided in large quantities.

pointy [pɔ́inti] a. 끝이 뾰족한; 가시가 돋은
Something that is pointy has a thin, sharp tip at one end.

print [print] v. (글자를) 인쇄체로 쓰다; 인쇄하다; n. (인쇄된) 활자
If you print words, you write in letters that are not joined together and that look like the letters in a book or newspaper.

pin [pin] v. (핀 등으로) 꽂다; 꼼짝 못하게 하다; n. 핀
If you pin something on or to something, you attach it with a pin, a drawing pin, or a safety pin.

spell [spel] v. (어떤 단어의) 철자를 쓰다; 철자를 맞게 쓰다; n. 주문; 마법
When you spell a word, you write or speak each letter in the word in the correct order.

room [ru:m] n. (특정 목적을 위한) 자리; 방, -실
If there is room somewhere, there is enough empty space that someone or something needs.

squish [skwiʃ] v. 찌부러뜨리다, 으깨다; 찌부러지다
If something soft squishes or is squished, it is crushed out of shape when it is pressed.

teeny [tíːni] a. 아주 작은
If you describe something as teeny, you are emphasizing that it is very small.

except [iksépt] conj. ~이지만, ~라는 점만 제외하면; prep. ~ 외에는; v. 제외하다
You can use except to introduce a statement that makes what you have just said seem less true or less possible.

stick [stik] n. 나뭇가지, 막대기; v. 찌르다; 붙이다, 들러붙다; 집어넣다
A stick is a thin branch which has fallen off a tree.

buddy [bʌ́di] n. 짝; 친구
A buddy is someone who does an activity with you so that you can support and encourage each other.

^복_습 **beat** [biːt] v. 때리다; 이기다; (심장이) 고동치다; n. 리듬; 고동, 맥박
If you beat someone or something, you hit them very hard.

[*] **media** [míːdiə] n. (신문·텔레비전 등의) 매체, 미디어
You can refer to television, radio, newspapers, and magazines as the media.

jillion [dʒíljən] n. 막대한 수
If you talk about a jillion people or things, you are emphasizing that there is an extremely large number of them.

_* **librarian** [laibrέəriən] n. (도서관의) 사서
A librarian is a person who is in charge of a library or who has been specially trained to work in a library.

_* **stew** [stjuː] v. (음식을) 뭉근히 끓이다; n. 스튜 (stewed a. 뭉근히 끓인)
Stewed fruit or meat has been cooked slowly in a liquid.

_* **fist** [fist] n. 주먹
Your hand is referred to as your fist when you have bent your fingers in toward the palm in order to hit someone or to hold something.

_* **cafeteria** [kæfətíəriə] n. 구내식당
A cafeteria is a restaurant in public buildings where you choose your food from a counter and take it to your table after paying for it.

^복_습 **kindergarten** [kíndərgàːrtn] n. 유치원
A kindergarten is a school or class for children aged 4 to 6 years old. It prepares them to go into the first grade.

yummy [jʌ́mi] a. 맛있는
Yummy food tastes very good.

_* **blanket** [blǽŋkit] n. 담요, 모포; v. (완전히) 뒤덮다
A blanket is a large square or rectangular piece of thick cloth, especially one which you put on a bed to keep you warm.

plaid [plæd] n. 격자무늬; 격자무늬 천
Plaid is a pattern of crossed lines and squares, used especially on cloth.

regular [régjulər] a. 일반적인, 평범한; 규칙적인; n. 단골손님, 고정 고객
Regular is used to mean 'normal.'

take off idiom (옷 등을) 벗다, 벗기다; (붙어 있던 것을) 떼어 내다; 이륙하다
If you take something off, you remove it, especially a piece of clothing from your body.

tongue [tʌŋ] n. 혀; v. 혀로 핥다
Your tongue is the soft movable part inside your mouth which you use for tasting, eating, and speaking.

Chapter 5

1. **What happened when Mrs. pointed out the bathrooms?**

   A. Junie B. asked if she could use either bathroom.

   B. Jim wanted to know if the bathrooms were clean.

   C. William rushed in to use the boys' bathroom.

   D. Lucille peeked inside the boys' bathroom.

2. **What did Junie B. think of Lucille's nail polish?**

   A. The red color looked pretty.

   B. The name "Very Very Berry" was silly.

   C. It made Lucille's fingernails too shiny.

   D. It was not as good as clear nail polish.

3. **What did Lucille say about riding the bus home?**
   A. Only kids with chocolate milk could get on.
   B. Kids' heads got covered in chocolate milk.
   C. Her brother got in trouble for drinking chocolate milk.
   D. Chocolate milk was not allowed.

4. **What did the students do in the classroom?**
   A. They created a new game.
   B. They sang a song.
   C. They learned everyone's names.
   D. They read books.

5. **What happened at the end of the day?**
   A. Junie B. left before everyone else.
   B. Junie B. marched to the school bus.
   C. Mrs. asked Junie B. to be the line leader.
   D. Mrs. had everyone form a line.

Check Your Reading Speed

1분에 몇 단어를 읽는지 리딩 속도를 측정해 보세요.

$$\frac{588 \text{ words}}{\text{reading time ( ) sec}} \times 60 = (\qquad) \text{ wPM}$$

Build Your Vocabulary

★ **principal** [prínsəpəl] n. 교장; a. 주요한, 주된
The principal of a school or college is the person in charge of the school or college.

baldy [bɔ́:ldi] n. 대머리인 사람
People sometimes refer to someone who has lost or is losing the hair on their head as a baldy, in a friendly or humorous way.

복습 **yell** [jel] v. 고함치다, 소리 지르다; n. 고함, 외침
If you yell, you shout loudly, usually because you are excited, angry, or in pain.

★ **recess** [risés] n. (학교의) 쉬는 시간; (의회·위원회 등의) 휴회 기간
A recess is a short period of time during the school day when children can play.

water fountain [wɔ́:tər fàuntən] n. (분수식) 식수대
A water fountain is a machine in a park or other public place that provides drinking water when you push a button.

복습 **tap** [tæp] v. (가볍게) 톡톡 두드리다; n. (가볍게) 두드리기
If you tap something, you hit it with a quick light blow or a series of quick light blows.

‡ **joke** [dʒouk] n. 농담; 웃음거리; v. 농담하다; 농담 삼아 말하다
A joke is something that is said or done to make you laugh, such as a funny story.

peek [piːk] v. 살짝 보이다; (재빨리) 훔쳐보다; n. 엿보기
If someone or something peeks, they appear slightly from behind or under something.

*__snap__ [snæp] v. 탁 소리 내다; (화난 목소리로) 딱딱거리다; 툭 하고 부러지다; n. 탁 하는 소리
If you snap your fingers, you make a sharp sound by moving your middle finger quickly across your thumb, for example, in order to accompany music or to order someone to do something.

jiggle [dʒígl] v. (아래위·양옆으로 빠르게) 움직이다, 흔들다
To jiggle around means to move quickly up and down or from side to side.

*__emergency__ [imɔ́ːrdʒənsi] n. 비상, 비상 사태
An emergency is an unexpected and difficult or dangerous situation, especially an accident, which happens suddenly and which requires quick action to deal with it.

복습 **fingernail** [fíŋgərnèil] n. 손톱
Your fingernails are the thin hard areas at the end of each of your fingers.

*__polish__ [pálɪʃ] n. 광택제; 윤 내기; v. (윤이 나도록) 닦다, 광을 내다; 손질하다
Polish is a substance that you put on the surface of an object in order to clean it, protect it, and make it shine.

복습 **shiny** [ʃáini] a. 빛나는, 반짝거리는
Shiny things are bright and reflect light.

*__spit__ [spit] n. 침; (침 등을) 뱉기; v. (침·음식 등을) 뱉다
Spit is the watery liquid produced in your mouth.

복습 **smelly** [sméli] a. 냄새나는
Something that is smelly has an unpleasant smell.

복습 **ride** [raid] v. (말·차량 등을) 타다; n. (말·차량 등을) 타고 달리기
When you ride in a vehicle such as a car, you travel in it, especially as a passenger.

‡ **pour** [pɔ:r] v. 붓다, 따르다; 마구 쏟아지다; 쏟아져 나오다
If you pour a liquid or other substance, you make it flow steadily out of a container by holding the container at an angle.

all of a sudden idiom 갑자기
If something happens all of a sudden, it happens quickly and unexpectedly.

복습 **stomach** [stʌ́mək] n. 배, 복부, 위(胃)
You can refer to the front part of your body below your waist as your stomach.

복습 **grouchy** [gráuʧi] a. 불평이 많은, 잘 투덜거리는
If someone is grouchy, they are very bad-tempered and complain a lot.

복습 **clap** [klæp] v. 박수를 치다; (갑자기·재빨리) 놓다; n. 박수; 쿵 하는 소리
When you clap, you hit your hands together to show appreciation or attract attention.

‡ **gather** [gǽðər] v. (여기저기 있는 것을) 모으다; (사람들이) 모이다; (마음·정신 등을) 가다듬다
If you gather things, you collect them together so that you can use them.

복습 **parking lot** [páːrkiŋ lat] n. 주차장
A parking lot is an area of ground where people can leave their cars.

복습 **screechy** [skríːʧi] a. 끼익 하고 날카로운 소리를 내는
If you describe something as screechy, you mean that it makes a long, loud, high noise that is unpleasant to hear.

복습 **brake** [breik] n. 브레이크, 제동 장치; 제동; v. 브레이크를 밟다; 속도를 줄이다
Brakes are devices in a vehicle that make it go slower or stop.

⋆ **chew** [ʧuː] v. 물어뜯다, 깨물다; (음식을) 씹다; n. 깨물기, 씹기
If you chew your lips or your fingernails, you keep biting them because you are nervous.

‡ **guard** [gaːrd] n. 경비 요원; 경비대; 경계, 감시; v. 지키다, 보호하다
A guard is someone such as a soldier, police officer, or prison officer who protects a particular place or person.

^{복습} **line up** idiom 줄을 서다

If people line up, they form a line, standing one behind the other or beside each other.

^{**} **march** [maːrtʃ] v. 행진하다; (단호한 태도로 급히) 걸어가다; n. 행군, 행진; 3월

If soldiers or other people march somewhere, they walk there quickly with firm regular steps.

Chapter
6

1. Where did Junie B. hide in the supply closet?

   A. On the bottom shelf

   B. Next to the stickers

   C. Behind the door

   D. In a big box

2. What did Junie B. hear Mrs. say?

   A. Junie B. did not want to go home.

   B. Junie B. was missing.

   C. Junie B. took the wrong bus.

   D. Junie B.'s parents were worried.

3. What did Junie B. do while she hid?

A. She took everything off the shelves.

B. She wondered if she would get caught.

C. She finished all of her homework.

D. She made up a story about herself.

4. Why did Junie B. go back into the closet?

A. She wanted to play with clay.

B. She thought that Mrs. was returning.

C. She needed to find a new hiding spot.

D. She felt the most comfortable there.

5. What did Junie B. do in the classroom?

A. She found snacks in the teacher's desk.

B. She had fun spinning in the teacher's chair.

C. She pretended to be the teacher.

D. She made a present for the teacher.

Check Your Reading Speed
1분에 몇 단어를 읽는지 리딩 속도를 측정해 보세요.

$$\frac{816 \text{ words}}{\text{reading time (} \quad \text{) sec}} \times 60 = (\quad) \text{ wPM}$$

Build Your Vocabulary

duck [dʌk] v. (머리나 몸을) 휙 수그리다; 급히 움직이다; n. [동물] 오리
If you duck, you move your head or the top half of your body quickly downward to avoid something that might hit you, or to avoid being seen.

‡sink [siŋk] n. (부엌의) 개수대, 세면대; v. 가라앉다, 빠지다; 파다
A sink is a large fixed container in a kitchen or bathroom, with faucets to supply water.

growly [gráuli] a. 으르렁거리는; 화를 잘 내는
If you make a growly sound, you make a low noise in your throat like a dog or other animal.

‡spring [spriŋ] v. (sprang/sprung-sprung) 휙 움직이다; 튀다; n. 생기, 활기; 봄
When a person or animal springs, they jump upward or forward suddenly or quickly.

scrunch [skrʌnʧ] v. 웅크리다; 더 작게 만들다; 찡그리다
To scrunch means to make something or yourself smaller to fit into a small space.

supply [səplái] n. 지급품, 비품; 공급, 제공; v. 공급하다
You can use supplies to refer to food, equipment, and other essential things that people need, especially when these are provided in large quantities.

^{복습} **closet** [klázit] n. 벽장
A closet is a piece of furniture with doors at the front and shelves inside, which is used for storing things.

^{복습} **squeeze** [skwiːz] v. (좁은 곳에) 비집고 들어가다; (꼭) 쥐다, 짜다; n. (꼭) 껴안기, 쥐기
If you squeeze a person or thing somewhere or if they squeeze there, they manage to get through or into a small space.

^{복습} **shelf** [ʃelf] n. (책장의) 칸, 책꽂이; 선반
A shelf is a flat piece of wood, plastic, metal, or glass that is attached to the wall or is part of a piece of furniture, used for putting things on.

^{복습} **except** [iksépt] conj. ~이지만, ~라는 점만 제외하면; prep. ~ 외에는; v. 제외하다
You can use except to introduce a statement that makes what you have just said seem less true or less possible.

[*] **knee** [niː] n. 무릎; v. 무릎으로 치다
Your knee is the place where your leg bends.

^{복습} **bend** [bend] v. (bent-bent) 구부리다; (몸·머리를) 굽히다, 숙이다; n. (도로·강의) 굽은 곳
When you bend a part of your body such as your arm or leg, or when it bends, you change its position so that it is no longer straight.

somersault [sʌ́mərsɔ̀ːlt] n. 공중제비, 재주넘기; v. 공중제비를 하다
If someone or something does a somersault, they turn over completely in the air.

all the way idiom 완전히; 내내, 시종
If you do something all the way, you do it totally and completely.

^{복습} **mean** [miːn] v. ~할 작정으로 말하다; 의미하다; a. 못된, 심술궂은
If you say that you mean what you are saying, you are telling someone that you are serious about it and are not joking, exaggerating, or just being polite.

^{**} **hall** [hɔːl] n. (건물 내의) 복도, 통로; (크고 넓은) 방, 홀, 회관
A hall in a building is a long passage with doors into rooms on both sides of it.

jingle [dʒiŋgl] v. 딸랑거리다; n. 딸랑, 짤랑 (하는 소리)
When something jingles or when you jingle it, it makes a gentle ringing noise, like small bells.

make up idiom (이야기 등을) 만들어 내다; ~을 이루다
If you make up something, you invent something, such as an excuse or a story, often in order to deceive.

⁑**spot** [spat] n. (특정한) 곳; (작은) 점; v. 발견하다, 찾다, 알아채다
You can refer to a particular place as a spot.

⁑**squish** [skwiʃ] v. 찌부러지다; 찌부러뜨리다, 으깨다
If something soft squishes or is squished, it is crushed out of shape when it is pressed.

⁕**monster** [mánstər] n. 괴물; a. 기이하게 큰, 거대한
A monster is a large imaginary creature that looks very ugly and frightening.

⁑**meanie** [míːni] n. 심술쟁이, 쩨쩨한 사람
A meanie is used especially by children to describe someone who is unkind, unpleasant, or not generous.

⁑**rest** [rest] v. 쉬게 하다, 쉬다; 기대다; n. 나머지; 휴식, 수면
If you rest or if you rest your body, you do not do anything active for a time.

⁕**snore** [snɔːr] v. 코를 골다; n. 코 고는 소리
When someone who is asleep snores, they make a loud noise each time they breathe.

⁕**nap** [næp] n. 잠깐 잠, 낮잠; v. 잠깐 자다, 낮잠을 자다
If you have a nap, you have a short sleep, usually during the day.

drool [druːl] n. 침; v. 침을 흘리다; (탐이 나서) 군침을 흘리다
Drool is the watery liquid that has come out of your mouth.

★ **relieve** [rilíːv] v. 안도하게 하다; (불쾌감·고통 등을) 없애 주다; 완화하다 (relief n. 안도, 안심)
If you feel a sense of relief, you feel happy because something unpleasant has not happened or is no longer happening.

복습 **stomach** [stʌ́mək] n. 배, 복부, 위(胃)
You can refer to the front part of your body below your waist as your stomach.

★ **sniff** [snif] v. 냄새를 맡다; 코를 훌쩍이다; n. 냄새 맡기; 콧방귀 뀌기
If you sniff something or sniff at it, you smell it by taking air in through your nose.

★ **clay** [klei] n. 점토, 찰흙
Clay is a soft, usually colored substance that can be pressed or rolled into any shape, usually used by children.

★★ **stiff** [stif] a. 뻣뻣한, 뻑뻑한; 결리는, 뻐근한; 심한; ad. 몹시, 극심하게
Something that is stiff is firm or does not bend easily.

복습 **roll** [roul] v. 굴리다; 구르다, 굴러가다; 돌리다; n. (둥글게 말아 놓은) 통, 두루마리
When something rolls or when you roll it, it moves along a surface, turning over many times.

★★ **dirt** [dəːrt] n. 먼지, 때; 흙
If there is dirt on something, there is dust, mud, or a stain on it.

★★ **drawer** [drɔːr] n. 서랍
A drawer is part of a desk, chest, or other piece of furniture that is shaped like a box and is designed for putting things in.

복습 **fit** [fit] v. (모양·크기가) 맞다; 적절하다; 어울리게 하다; a. 적합한, 알맞은; 건강한
If someone or something fits somewhere, they are small enough or the right size and shape to go there.

★★ **rubber** [rʌ́bər] n. 고무; a. 고무의 (rubber band n. 고무줄)
A rubber band is a thin circle of very stretchy material that you can put around things in order to hold them together.

stick [stik] v. (stuck-stuck) 붙이다, 들러붙다; 찌르다; 집어넣다; n. 나뭇가지, 막대기
If you stick one thing to another, you attach it using glue, Scotch tape, or another sticky substance.

forehead [fɔ́:rhèd] n. 이마
Your forehead is the area at the front of your head between your eyebrows and your hair.

clip [klip] n. 핀, 클립; 깎음; v. 핀으로 고정하다; 깎다, 자르다 (**paper clip** n. 종이 집게)
A paper clip is a small piece of bent wire that is used to hold papers together.

mark [ma:rk] v. 표시하다; 자국을 내다; n. 자국, 흔적
If you mark, you write or draw words, letters, or symbols on something for a particular purpose.

tissue [tíʃuː] n. 화장지; (세포) 조직
A tissue is a piece of thin soft paper that you use to blow your nose.

chalk [ʧɔːk] n. 분필
Chalk is small sticks of soft white rock, used for writing or drawing with.

brand-new [brænd-njúː] a. 아주 새로운, 신상품의
A brand-new object is completely new.

clap [klæp] v. 박수를 치다; (갑자기·재빨리) 놓다; n. 박수; 쿵 하는 소리
When you clap, you hit your hands together to show appreciation or attract attention.

stuff [stʌf] n. 것, 물건, 일; v. 채워 넣다; 쑤셔 넣다
You can use stuff to refer to things such as a substance, a collection of things, events, or ideas, or the contents of something in a general way without mentioning the thing itself by name.

board [bɔːrd] n. 칠판; 판자; 이사회; v. 승선하다, 탑승하다
You can refer to a blackboard as a board. A blackboard is a large black or green surface fixed to a classroom wall for writing on with chalk.

복습 curly [kə́:rli] a. 곱슬곱슬한
Curly hair is full of curving shapes, like part of a circle.

* bow [bau] ① v. (허리를 굽혀) 절하다; (고개를) 숙이다; n. (고개 숙여 하는) 인사; 절
② n. 활; 나비매듭 리본
When you bow to someone, you briefly bend your body toward them
as a formal way of greeting them or showing respect.

복습 recess [risés] n. (학교의) 쉬는 시간; (의회·위원회 등의) 휴회 기간
A recess is a short period of time during the school day when children
can play.

Chapter
7

1. Why did Junie B. decide to leave the classroom?

A. She used up all the chalk.

B. She was thirsty from the chalk.

C. She had to wash her hands.

D. She heard sounds coming from the hall.

2. Why did Junie B. sniff before she left the classroom?

A. She was getting a little sick.

B. She smelled food from the cafeteria.

C. She was checking if anyone was nearby.

D. She thought that she smelled something bad.

3. **How did Junie B. describe the Media Center?**
   A. It was scary without any people.
   B. Fish were not a good pet for it.
   C. All the books in it were old and heavy.
   D. It was a good place for spying.

4. **Why did Junie B. like the electric pencil sharpener?**
   A. It had many buttons to push.
   B. It could make pencils really small.
   C. It was a machine that made no noise.
   D. It could sharpen anything.

5. **Who did come into the Media Center?**
   A. Mrs.
   B. The librarian
   C. Junie B.'s mother
   D. A man with a trash can

Check Your Reading Speed

1분에 몇 단어를 읽는지 리딩 속도를 측정해 보세요.

$$\frac{643 \text{ words}}{\text{reading time (\quad) sec}} \times 60 = (\qquad) \text{ WPM}$$

Build Your Vocabulary

복습 **peek** [piːk] v. (재빨리) 훔쳐보다; 살짝 보이다; n. 엿보기
If you peek at something or someone, you have a quick look at them, often secretly.

★ **spy** [spai] v. 염탐하다; 보다, 알아채다; n. 스파이, 정보원
If you spy on someone, you watch them secretly.

★ **thirsty** [θə́ːrsti] a. 목이 마른, 갈증이 나는; 갈망하는
If you are thirsty, you feel a need to drink something.

복습 **chalk** [tʃɔːk] n. 분필
Chalk is small sticks of soft white rock, used for writing or drawing with.

★ **sprinkle** [spríŋkl] n. 뿌려진 것; 보슬비; v. 뿌리다; 간간히 섞다; 비가 보슬보슬 오다
A sprinkle is a small amount of a substance scattered over the surface of something.

★ **throat** [θrout] n. 목구멍; 목
Your throat is the back of your mouth and the top part of the tubes that go down into your stomach and your lungs.

★ **hip** [hip] n. 둔부, 엉덩이
Your hips are the two areas at the sides of your body between the tops of your legs and your waist.

ᵇᵘˢ water fountain [wɔ́:tər fáuntən] n. (분수식) 식수대
A water fountain is a machine in a park or other public place that provides drinking water when you push a button.

ᵇᵘˢ smelly [sméli] a. 냄새나는
Something that is smelly has an unpleasant smell.

ᵇᵘˢ stamp [stæmp] v. (발을) 구르다; 쾅쾅거리며 걷다; (도장 등을) 찍다; n. (발을) 쿵쾅거리기; 도장
If you stamp or stamp your foot, you lift your foot and put it down very hard on the ground, for example because you are angry.

ᵇᵘˢ dumb [dʌm] a. 멍청한, 바보 같은; 말을 못 하는
If you say that something is dumb, you think that it is silly and annoying.

ᵇᵘˢ all of a sudden idiom 갑자기
If something happens all of a sudden, it happens quickly and unexpectedly.

dangly [dǽŋgli] a. 매달린, 흔들흔들하는
Dangly things are hanging or swinging loosely.

ᵇᵘˢ hall [hɔ:l] n. (건물 내의) 복도, 통로; (크고 넓은) 방, 홀, 회관
A hall in a building is a long passage with doors into rooms on both sides of it.

✷ crack [kræk] n. (좁은) 틈; (갈라져 생긴) 금; v. 갈라지게 하다, 금이 가게 하다; 깨뜨리다
If you open something such as a door, window, or curtain a crack, you open it only a small amount.

ᵇᵘˢ sniff [snif] v. 냄새를 맡다; 코를 훌쩍이다; n. 냄새 맡기; 콧방귀 뀌기
If you sniff something or sniff at it, you smell it by taking air in through your nose.

stink [stiŋk] n. 악취; v. (고약한) 냄새가 나다, 악취가 풍기다; 수상쩍다
Stink means a strong unpleasant smell.

ᵇᵘˢ tap [tæp] v. (가볍게) 톡톡 두드리다; n. (가볍게) 두드리기
If you tap something, you hit it with a quick light blow or a series of quick light blows.

tiptoe [típtòu] n. (= tippy-toe) 발끝, 까치발; v. 발끝으로 (살금살금) 걷다
If you do something on tiptoe or on tiptoes, you do it standing or walking on the front part of your foot, without putting your heels on the ground.

media [míːdiə] n. (신문·텔레비전 등의) 매체, 미디어
You can refer to television, radio, newspapers, and magazines as the media.

★ **fort** [fɔːrt] n. 보루, 요새
A fort is a strong building or a place with a wall or fence around it where soldiers can stay and be safe from the enemy.

shelf [ʃelf] n. (pl. shelves) 책꽂이, (책장의) 칸; 선반
A shelf is a flat piece of wood, plastic, metal, or glass that is attached to the wall or is part of a piece of furniture, used for putting things on.

☀ **brick** [brik] n. 벽돌
Bricks are rectangular blocks of baked clay used for building walls, which are usually red or brown.

☀ **tank** [tæŋk] n. 수조; (액체·가스 등을 저장하는) 탱크
A tank is a container with transparent sides in which to keep animals such as fish or snakes.

☀ **wave** [weiv] v. (손·팔을) 흔들다; 손짓하다; 흔들리다; n. (팔·손·몸을) 흔들기; 파도, 물결
If you wave or wave your hand, you move your hand from side to side in the air, usually in order to say hello or goodbye to someone.

★ **stir** [stəːr] v. 젓다; 약간 움직이다; 자극하다; n. 동요, 충격; 젓기
If you stir a liquid or other substance, you move it around or mix it in a container using something such as a spoon.

★ **electric** [iléktrik] a. 전기의; 전기를 이용하는
An electric device or machine works by means of electricity, rather than using some other source of power.

* **sharpen** [ʃáːrpən] v. (날카롭게) 갈다; (기량 등을) 갈고 닦다; 선명해지다
(pencil sharpener n. 연필깎이)
A pencil sharpener is an object with a blade inside, used for making a pencil sharper.

복습 **librarian** [laibréəriən] n. (도서관의) 사서
A librarian is a person who is in charge of a library or who has been specially trained to work in a library.

복습 **drawer** [drɔːr] n. 서랍
A drawer is part of a desk, chest, or other piece of furniture that is shaped like a box and is designed for putting things in.

복습 **brand-new** [brænd-njúː] a. 아주 새로운, 신상품의
A brand-new object is completely new.

복습 **teeny** [tíːni] a. 아주 작은
If you describe something as teeny, you are emphasizing that it is very small.

복습 **scare** [skɛər] v. 무서워하다; 놀라게 하다; n. 불안(감); 놀람, 공포
(scared a. 무서워하는, 겁먹은)
If you are scared of someone or something, you are frightened of them.

* **squat** [skwat] v. 쪼그리고 앉다, 웅크리다; a. 땅딸막한; 쪼그리고 앉은
If you squat, you lower yourself toward the ground, balancing on your feet with your legs bent.

복습 **trash** [træʃ] n. 쓰레기; v. 부수다; (필요 없는 것을) 버리다 (trash can n. 쓰레기통)
A trash can is a large round container where people put unwanted things or waste material.

* **wizard** [wízərd] n. (동화 등에 나오는 남자) 마법사
In legends and fairy stories, a wizard is a man who has magic powers.

Chapter
8

1. **What did Junie B. do with Band-Aids?**

   A. She decorated the office with them.

   B. She made a colorful picture with them.

   C. She organized them by shape and color.

   D. She put them where she had gotten hurt.

2. **Why did Junie B. put on the nurse's sweater?**

   A. She planned to hide in it.

   B. She felt cold in the office.

   C. She loved the color purple.

   D. She wanted to act like the nurse.

3. What did Junie B. say when she pretended to call the hospital?

    A. She did not know how to help kids.

    B. She needed more supplies for the kids.

    C. She did not know the way to the hospital.

    D. She needed to get to the hospital fast.

4. Why was it hard for Junie B. to use the crutches?

    A. She was not really injured.

    B. She was not strong.

    C. She was too short.

    D. She was too young.

5. What happened when Junie B. fell?

    A. She hit her head on the desk.

    B. She broke one of the crutches in half.

    C. She knocked the phone onto the floor.

    D. She fell onto the chair and rolled away.

Check Your Reading Speed

1분에 몇 단어를 읽는지 리딩 속도를 측정해 보세요.

$$\frac{654 \text{ words}}{\text{reading time (} \quad \text{) sec}} \times 60 = (\quad) \text{ wPM}$$

Build Your Vocabulary

plaid [plæd] n. 격자무늬; 격자무늬 천
Plaid is a pattern of crossed lines and squares, used especially on cloth.

blanket [blǽŋkit] n. 담요, 모포; v. (완전히) 뒤덮다
A blanket is a large square or rectangular piece of thick cloth, especially one which you put on a bed to keep you warm.

neat [niːt] a. 뛰어난, 훌륭한; 정돈된, 단정한; 깔끔한
If you say that something is neat, you mean that it is very good.

stuff [stʌf] n. 것, 물건, 일; v. 채워 넣다; 쑤셔 넣다
You can use stuff to refer to things such as a substance, a collection of things, events, or ideas, or the contents of something in a general way without mentioning the thing itself by name.

scale [skeil] n. 체중계, 저울; 규모; 눈금; 비늘; v. (아주 높고 가파른 곳을) 오르다
A scale is a piece of equipment used for weighing things.

weigh [wei] v. 무게를 달다; 무게가 ~이다
If you weigh something or someone, you measure how heavy they are.

sign [sain] n. 표지판, 간판; 부호, 기호; 기색, 흔적; v. 서명하다
A sign is a piece of wood, metal, or plastic with words or pictures on it. Signs give you information about something, or give you a warning or an instruction.

yell [jel] v. 고함치다, 소리 지르다; n. 고함, 외침
If you yell, you shout loudly, usually because you are excited, angry, or in pain.

lid [lid] n. 뚜껑
A lid is the top of a box or other container which can be removed or raised when you want to open the container.

brand-new [brænd-njú:] a. 아주 새로운, 신상품의
A brand-new object is completely new.

dump [dʌmp] v. (아무렇게나) 내려놓다; 버리다; n. (쓰레기) 폐기장
If you dump something somewhere, you put it or unload it there quickly and carelessly.

square [skwɛər] n. 정사각형; 광장; a. 정사각형 모양의; 공정한
A square is a shape with four sides that are all the same length and four corners that are all right angles.

knee [ni:] n. 무릎; v. 무릎으로 치다
Your knee is the place where your leg bends.

sidewalk [sáidwɔ:k] n. 보도, 인도
A sidewalk is a path with a hard surface by the side of a road.

press [pres] v. 누르다; 꾹 밀어 넣다; (무엇에) 바짝 대다; n. 언론
If you press something or press down on it, you push hard against it with your foot or hand.

thumb [θʌm] n. 엄지손가락; v. 엄지손가락으로 건드리다
Your thumb is the short thick part on the side of your hand next to your four fingers.

splinter [splíntər] n. (나무) 가시, (금속·유리 등의) 조각; v. 쪼개지다, 깨지다; 갈라지다
A splinter is a very thin, sharp piece of wood, glass, or other hard substance, which has broken off from a larger piece.

tweezer [twíːzər] n. (pl.) 핀셋
Tweezers are a small tool that you use for tasks such as picking up small objects or pulling out hairs.

scratch [skrætʃ] v. 긁다; 긁힌 자국을 내다; n. 긁힌 자국; 긁는 소리
If a sharp object scratches someone or something, it makes small shallow cuts on their skin or surface.

wound up [waund ʌ́p] a. 흥분한, 긴장한
If someone is wound up, they are very tense and nervous or angry.

pretend [priténd] v. ~인 척하다, ~인 것처럼 굴다; ~라고 가장하다
If children or adults pretend that they are doing something, they imagine that they are doing it, for example, as part of a game.

cough [kɔːf] n. 기침; v. 기침하다; (기침을 하여 무엇을) 토하다; 털털거리다
A cough is the act of forcing air out of your lungs through your throat with a short, loud sound.

drop [drap] n. 동그란 사탕; 방울; 하락, 감소; v. 떨어지다; 쓰러지다
Fruit or chocolate drops are small round sweets with a fruit or chocolate flavor.

freeze [friːz] v. 몸이 언 것처럼 느끼다; 얼다; (두려움 등으로) 얼어붙다; n. 얼어붙음; 한파
If you freeze, you feel extremely cold.

needle [niːdl] n. 주사, 주사 바늘; 바늘; v. 바늘로 찌르다; 바늘로 꿰매다
A needle is a very thin sharp metal tube used for putting medicine or drugs into your body, or for taking blood out.

stick [stik] n. 막대기, 나뭇가지; v. 찌르다; 붙이다, 들러붙다; 집어넣다
A stick is a long thin piece of wood which is used for a particular purpose.

in case idiom ~할 경우에 대비해서
If you do something in case or just in case a particular thing happens, you do it because that thing might happen.

dangly [dǽŋgli] a. 매달린, 흔들흔들하는
Dangly things are hanging or swinging loosely.

throat [θrout] n. 목구멍; 목
Your throat is the back of your mouth and the top part of the tubes that go down into your stomach and your lungs.

shot [ʃat] n. 주사; 발사, 발포; 시도; 사진
A shot is the act of putting a drug or vaccine into someone's body with a needle.

crutch [krʌʧ] n. 목발
A crutch is a stick whose top fits round or under the user's arm, which someone with an injured foot or leg uses to support their weight when walking.

cast [kæst] n. 깁스; 출연자들; 던지기; v. (시선을) 던지다; (그림자를) 드리우다; 내던지다
A cast is a hard cover for protecting a broken or injured part of the body, such as an arm or leg, while it is getting better.

piggy [pígi] n. 발가락; 새끼 돼지
Piggies are a child's word for toes.

swing [swiŋ] v. (전후·좌우로) 흔들다, 흔들리다; 휙 움직이다; 휘두르다; n. 흔들기; 그네
If something swings or if you swing it, it moves repeatedly backward and forward or from side to side from a fixed point.

fit [fit] v. (모양·크기가) 맞다; 적절하다; 어울리게 하다; a. 적합한, 알맞은; 건강한
If something fits, it is the right size and shape to go onto a person's body or onto a particular object.

edge [edʒ] n. 끝, 가장자리; 우위; v. 조금씩 움직이다; 테두리를 두르다
The edge of something is the place or line where it stops, or the part of it that is furthest from the middle.

lean [li:n] v. 기울이다, (몸을) 숙이다; ~에 기대다; a. 호리호리한
When you lean in a particular direction, you bend your body in that direction.

except [iksépt] conj. ~이지만, ~라는 점만 제외하면; prep. ~ 외에는; v. 제외하다
You can use except to introduce a statement that makes what you have just said seem less true or less possible.

✻wheel [hwiːl] n. 바퀴; (자동차 등의) 핸들; v. (바퀴 달린 것을) 밀다; (반대 방향으로) 홱 돌다
The wheels of a vehicle are the circular objects which are fixed underneath it and which enable it to move along the ground.

✻roll [roul] v. 구르다, 굴러가다; 굴리다; 돌리다; n. (둥글게 말아 놓은) 통, 두루마리
When something rolls or when you roll it, it moves along a surface, turning over many times.

stuck [stʌk] a. 움직일 수 없는, 꼼짝 못하는; 갇힌
If something is stuck in a particular position, it is fixed tightly in this position and is unable to move.

wiggle [wigl] v. 꿈틀꿈틀 움직이다; n. 꿈틀꿈틀 움직이기
If you wiggle something or if it wiggles, it moves up and down or from side to side in small quick movements.

✻slip [slip] v. 미끄러지다; 슬며시 가다; (슬며시) 놓다; n. (작은) 실수; 미끄러짐
If something slips, it slides out of place or out of your hand.

✻crash [kræʃ] v. 부딪치다; 충돌하다; 굉음을 내다; n. 요란한 소리; (자동차·항공기) 사고
If something crashes somewhere, it moves and hits something else violently, making a loud noise.

✻bang [bæŋ] v. 쿵 하고 찧다; 쾅 하고 치다; 쾅 하고 닫다; n. 쿵 하고 찧음; 쾅 (하는 소리)
If you bang a part of your body, you accidentally knock it against something and hurt yourself.

✻quit [kwit] v. 그만두다, 그만하다; 떠나다
If you quit an activity or quit doing something, you stop doing it.

Chapter
9

1. **Why couldn't Junie B. use the bathroom?**

   A. The door was locked.

   B. The lights would not turn on.

   C. She could not reach the door handle.

   D. She could not find the girls' bathroom.

2. **Why did Junie B. call 911?**

   A. It was the only phone number she remembered.

   B. She wanted directions to another bathroom.

   C. She thought that she was in a real emergency.

   D. She missed her mother and wanted to talk to her.

3. **Why did Junie B. run outside?**

    A. To see the fire truck

    B. To get fresh air and calm down

    C. To get a ride home

    D. To find a toilet

4. **What did Junie B. assume about the fire truck, police car, and ambulance?**

    A. They were angry at her for calling 911.

    B. They were there for a different emergency.

    C. They came to rescue her.

    D. They came to the school by mistake.

5. **How did the man react to seeing Junie B.?**

    A. He was surprised that she did not know his name.

    B. He was disappointed that she caused so much trouble.

    C. He was worried about her walking alone.

    D. He was willing to help solve her problem.

Check Your Reading Speed

1분에 몇 단어를 읽는지 리딩 속도를 측정해 보세요.

$$\frac{711 \ words}{reading \ time \ (\quad) \ sec} \times 60 = (\quad) \ WPM$$

Build Your Vocabulary

zoom [zuːm] v. 쌩 하고 가다; 급등하다; n. (빠르게) 쌩 하고 지나가는 소리
If you zoom somewhere, you go there very quickly.

⋆ **speedy** [spíːdi] a. 빠른, 신속한
A speedy process, event, or action happens or is done very quickly.

⋇ **knock** [nak] v. 치다, 부딪치다; (문 등을) 두드리다; n. 부딪침; 문 두드리는 소리
If you knock something, you touch or hit it roughly, especially so that it falls or moves.

⋇ **furniture** [fɔ́ːrniʧər] n. 가구
Furniture consists of large objects such as tables, chairs, or beds that are used in a room for sitting or lying on or for putting things on or in.

⋆ **statue** [stǽʧuː] n. 조각상
A statue is a large sculpture of a person or an animal, made of stone or metal.

복습 **cafeteria** [kæfətíəriə] n. 구내식당
A cafeteria is a restaurant in public buildings where you choose your food from a counter and take it to your table after paying for it.

복습 **lock** [lak] v. (자물쇠로) 잠그다; 고정시키다; n. 잠금장치
When you lock something such as a door, drawer, or case, you fasten it, usually with a key, so that other people cannot open it.

^{복습} **hall** [hɔːl] n. (건물 내의) 복도, 통로; (크고 넓은) 방, 홀, 회관
A hall in a building is a long passage with doors into rooms on both sides of it.

^{복습} **dumb** [dʌm] a. 멍청한, 바보 같은; 말을 못 하는
If you say that something is dumb, you think that it is silly and annoying.

^{복습} **jiggle** [dʒigl] v. (아래위·양옆으로 빠르게) 움직이다, 흔들다
To jiggle around means to move quickly up and down or from side to side.

[*] **personal** [pɔ́rsənl] a. 개인적인, 개인의
A personal opinion, quality, or thing belongs or relates to one particular person rather than to other people.

potty [páti] n. 유아용 변기
A potty is a deep bowl that a small child uses instead of a toilet.

^{복습} **all of a sudden** idiom 갑자기
If something happens all of a sudden, it happens quickly and unexpectedly.

^{복습} **handle** [hændl] n. 손잡이; v. (사람·작업 등을) 처리하다; 들다, 옮기다
A handle is a small round object or a lever that is attached to a door and is used for opening and closing it.

^{복습} **weigh** [wei] v. 무게가 ~이다; 무게를 달다
If someone or something weighs a particular amount, this amount is how heavy they are.

^{복습} **mean** [miːn] v. ~할 작정으로 말하다; 의미하다; a. 못된, 심술궂은
If you say that you mean what you are saying, you are telling someone that you are serious about it and are not joking, exaggerating, or just being polite.

^{복습} **yell** [jel] v. 고함치다, 소리 지르다; n. 고함, 외침
If you yell, you shout loudly, usually because you are excited, angry, or in pain.

ᵇᵘ emergency [imə́:rdʒənsi] n. 비상, 비상 사태
An emergency is an unexpected and difficult or dangerous situation, especially an accident, which happens suddenly and which requires quick action to deal with it.

ᵇᵘ beat [bi:t] v. 때리다; 이기다; (심장이) 고동치다; n. 리듬; 고동, 맥박
If you beat someone or something, you hit them very hard.

ᵇᵘ holler [hálər] v. 소리 지르다, 고함치다; n. 고함, 외침
If you holler, you shout loudly.

ᵇᵘ accident [ǽksidənt] n. 사고, 사건; 우연
If someone has an accident, something unpleasant happens to them that was not intended, sometimes causing injury or death.

⁕ calm [ka:m] v. 진정시키다; 차분해지다; a. 침착한, 차분한; 잔잔한
(calm down idiom 진정하다)
If you calm down, or if someone calms you down, you become less angry, upset, or excited.

by oneself idiom 혼자; 도움을 받지 않고
If you are by yourself, or all by yourself, you are alone.

⁕⁕ still [stil] a. 가만히 있는, 고요한, 정지한; ad. 아직; 그럼에도 불구하고; v. 고요해지다
If you stay still, you stay in the same position and do not move.

hang up idiom 전화를 끊다; ~을 중지하다
To hang up means to end a telephone conversation, often very suddenly.

⁕ toilet [tɔ́ilit] n. 화장실; 변기
A toilet is a room in a house or public building that contains a structure like a seat over a hole where you get rid of waste from your body.

siren [sáiərən] n. (신호·경보) 사이렌
A siren is a warning device which makes a long, loud noise.

fire truck [fáiər trʌk] n. 소방차
A fire truck is a large vehicle which carries firefighters and equipment for putting out fires.

ambulance [ǽmbjuləns] n. 구급차
An ambulance is a vehicle for taking people to and from hospital.

parking lot [páːrkiŋ lat] n. 주차장
A parking lot is an area of ground where people can leave their cars.

sniff [snif] v. 냄새를 맡다; 코를 훌쩍이다; n. 냄새 맡기; 콧방귀 뀌기
If you sniff something or sniff at it, you smell it by taking air in through your nose.

smoke [smouk] n. 연기; v. 연기를 내뿜다; (담배를) 피우다; 질주하다
Smoke consists of gas and small bits of solid material that are sent into the air when something burns.

grouchy [gráuʧi] a. 불평이 많은, 잘 투덜거리는
If someone is grouchy, they are very bad-tempered and complain a lot.

hold it int. 기다려
If you say 'hold it' to someone, you use it for telling them to wait.

scare [skɛər] v. 무서워하다; 놀라게 하다; n. 불안(감); 놀람, 공포
(scared a. 무서워하는, 겁먹은)
If you are scared of someone or something, you are frightened of them.

bunch [bʌnʧ] n. 다발, 송이, 묶음; (양·수가) 많음
A bunch of keys is a set of keys kept together on a metal ring.

grab [græb] v. (와락·단단히) 붙잡다; 급히 ~하다; n. 와락 잡아채려고 함
If you grab something, you take or hold someone or something with your hand suddenly, firmly, or roughly.

Chapter
10

1. What did the principal tell Junie B.?

A. She was a brave girl for hiding that long.

B. She could have gotten seriously hurt.

C. She should not hide in the supply closet again.

D. She needed to apologize to her teacher.

2. What did Junie B.'s mother say?

A. The best thing about school was riding the bus.

B. Nobody actually liked riding the bus.

C. Junie B. did not have to ride the bus if she hated it.

D. Junie B. could not just choose to stop riding the bus.

3. **What was Junie B.'s mother's idea?**

   A. Junie B. could ride the bus with a classmate.

   B. Junie B. could be mean to the meanies on the bus.

   C. Junie B. could wait to ride the bus again until she got older.

   D. Junie B. could try to forget about her bus experience today.

4. **What did Junie B. do when she got home?**

   A. She invited Grace to her house.

   B. She sent a long message to Grace.

   C. She spoke to Grace on the phone.

   D. She asked Grace to be her best friend.

5. **What did Junie B. plan to do the next day?**

   A. Meet Grace at the bus stop

   B. Save a seat for Grace on the bus

   C. Share her red purse with Grace

   D. Pour chocolate milk on Grace

Check Your Reading Speed

1분에 몇 단어를 읽는지 리딩 속도를 측정해 보세요.

$$\frac{715 \text{ words}}{\text{reading time ( ) sec}} \times 60 = (\qquad) \text{ WPM}$$

Build Your Vocabulary

복습 **lock** [lak] v. (자물쇠로) 잠그다; 고정시키다; n. 잠금장치 (unlock v. 열다)
If you unlock something such as a door, a room, or a container that has a lock, you open it using a key.

make it idiom 해내다; 가다; (힘든 경험 등을) 버텨 내다
To make it means to succeed in a particular activity.

복습 **accident** [ǽksidənt] n. 사고, 사건; 우연
If someone has an accident, something unpleasant happens to them that was not intended, sometimes causing injury or death.

복습 **sink** [siŋk] n. 세면대, (부엌의) 개수대; v. 가라앉다, 빠지다; 파다
A sink is a large fixed container in a kitchen or bathroom, with faucets to supply water.

복습 **forehead** [fɔ́:rhèd] n. 이마
Your forehead is the area at the front of your head between your eyebrows and your hair.

복습 **hall** [hɔːl] n. (건물 내의) 복도, 통로; (크고 넓은) 방, 홀, 회관
A hall in a building is a long passage with doors into rooms on both sides of it.

복습 **bend** [bend] v. (bent-bent) (몸·머리를) 굽히다, 숙이다; 구부리다; n. (도로·강의) 굽은 곳
When you bend, you move the top part of your body downward and forward.

nod [nad] v. (고개를) 끄덕이다, 까딱하다; n. (고개를) 끄덕임
If you nod, you move your head downward and upward to show that you are answering 'yes' to a question, or to show agreement, understanding, or approval.

all of a sudden idiom 갑자기
If something happens all of a sudden, it happens quickly and unexpectedly.

roll [roul] v. 굴리다; 구르다, 굴러가다; 돌리다; n. (둥글게 말아 놓은) 통, 두루마리
When something rolls or when you roll it, it moves along a surface, turning over many times.

wheel [hwi:l] n. 바퀴; (자동차 등의) 핸들; v. (바퀴 달린 것을) 밀다; (반대 방향으로) 홱 돌다
The wheels of a vehicle are the circular objects which are fixed underneath it and which enable it to move along the ground.

run over idiom (사람·동물을) 치다
To run over someone or something means to hit them with a vehicle and drive over them.

principal [prínsəpəl] n. 교장; a. 주요한, 주된
The principal of a school or college is the person in charge of the school or college.

hug [hʌg] v. 껴안다, 포옹하다; n. 포옹
When you hug someone, you put your arms around them and hold them tightly, for example because you like them or are pleased to see them.

at once idiom 동시에; 즉시
If a number of different things happen at once or all at once, they all happen at the same time.

jillion [dʒíljən] n. 막대한 수
If you talk about a jillion people or things, you are emphasizing that there is an extremely large number of them.

supply [səplái] n. 지급품, 비품; 공급, 제공; v. 공급하다
You can use supplies to refer to food, equipment, and other essential things that people need, especially when these are provided in large quantities.

closet [klázit] n. 벽장
A closet is a piece of furniture with doors at the front and shelves inside, which is used for storing things.

grumpy [grʌ́mpi] a. 성격이 나쁜
If you say that someone is grumpy, you mean that they are bad-tempered and miserable.

rule [ru:l] n. 규칙, 규정; 지배, 통치; v. 지배하다, 통치하다
Rules are instructions that tell you what you are allowed to do and what you are not allowed to do.

smush [smʌʃ] v. (작은 공간에) 밀어 넣다; 잔뜩 구겨지다; 부수다, 으깨다
If you smush something, it is pressed against other things.

frown [fraun] v. 얼굴을 찡그리다; 눈살을 찌푸리다; n. 찡그림, 찌푸림
When someone frowns, their eyebrows become drawn together, because they are annoyed or puzzled.

ceiling [síːliŋ] n. 천장
A ceiling is the horizontal surface that forms the top part or roof inside a room.

ride [raid] v. (말·차량 등을) 타다; n. (말·차량 등을) 타고 달리기
When you ride a vehicle such as a car, you travel in it, especially as a passenger.

smelly [sméli] a. 냄새나는
Something that is smelly has an unpleasant smell.

except [iksépt] conj. ~이지만, ~라는 점만 제외하면; prep. ~ 외에는; v. 제외하다
You can use except to introduce a statement that makes what you have just said seem less true or less possible.

grouchy [gráuʧi] a. 불평이 많은, 잘 투덜거리는
If someone is grouchy, they are very bad-tempered and complain a lot.

commotion [kəmóuʃən] n. 소란, 소동
A commotion is a lot of noise, confusion, and excitement.

scare [skɛər] v. 무서워하다; 놀라게 하다; n. 불안(감); 놀람, 공포
(scared a. 무서워하는, 겁먹은)
If you are scared of someone or something, you are frightened of them.

pour [pɔːr] v. 붓다, 따르다; 마구 쏟아지다; 쏟아져 나오다
If you pour a liquid or other substance, you make it flow steadily out of
a container by holding the container at an angle.

* **growl** [graul] v. 으르렁거리듯 말하다; 으르렁거리다; n. 으르렁거리는 소리
If someone growls something, they say something in a low, rough, and
angry voice.

meanie [míːni] n. 심술쟁이, 쩨쩨한 사람
A meanie is used especially by children to describe someone who is
unkind, unpleasant, or not generous.

sniffle [snifl] v. 훌쩍거리다; n. 훌쩍거림; 훌쩍거리는 소리
If you sniffle, you keep sniffing, usually because you are crying or have
a cold.

growly [gráuli] a. 으르렁거리는; 화를 잘 내는
If you make a growly sound, you make a low noise in your throat like a
dog or other animal.

purse [pəːrs] n. 손가방; (작은) 지갑; v. (입술을) 오므리다
A purse is a small bag that women carry.

buddy [bʌdi] n. 친구; 짝
A buddy is a close friend, usually a male friend of a man.

1장 선생님(Mrs.) 만나기

내 이름은 주니 B. 존스(Junie B. Jones)입니다. B는 비어트리스(Beatrice)를 나타냅니다. 하지만 나는 비어트리스라는 이름을 좋아하지 않습니다. 나는 그냥 B를 좋아할 뿐이고 그게 다입니다.

나는 거의 6살입니다.

거의 6살이 되면 학교 유치부에 가게 되는 때가 되었다는 거예요. 학교는 여러분이 새 친구들을 만나고 TV를 보지 않는 곳이죠.

나의 학교 유치부는 오후에 가는 종류입니다.

오늘은 내가 학교에 가는 첫날이었습니다. 그래도, 나는 전에 내가 다닐 교실에 가 본 적이 있습니다. 지난주에 엄마가 나를 그곳에 데려가서 내 선생님을 만나게 했습니다.

그것은 선생님 만나는 날이라고 불렸습니다. 내 선생님은 알파벳 글자들로 게시판을 꾸미고 있었습니다.

"난 이미 그 글자들을 다 알아요." 내가 말했습니다. "나는 알파벳 노래도 할 수 있어요. 하지만 나는 지금 당장은 하고 싶지 않아요."

내 선생님은 나와 악수했습니다. 하지만 우리의 손이 서로 그렇게 딱 맞지는 않았습니다.

그녀의 이름은 무슨 선생님이었는데

—나는 그 나머지가 기억나지 않아요. 선생님은 내가 귀여워 보인다고 말했습니다.

"나도 알아요." 내가 말했습니다. "그건 내가 새 신발을 신고 있기 때문이에요."

나는 내 발 하나를 공중으로 아주 높이 들어 올렸습니다.

"신발이 얼마나 반짝이는지 보여요? 신발을 신기 전에, 내가 그것들을 핥았거든요."

"그리고 또 이거 아세요?" 내가 말했습니다. "이건 내가 가장 좋아하는 모자예요. 밀러 할아버지(Grampa Miller)가 나에게 그것을 사 줬어요. 양옆에 튀어나온 악마 뿔들이 보이죠?"

선생님은 웃었습니다. 하지만 나는 이유를 모르겠습니다. 악마 뿔은 무서워야 하는데 말이에요.

그리고 나서 우리는 교실 주변을 둘러보았고 그녀는 나에게 물건들이 어디에 있는지 보여 주었습니다. 우리가 그림을 그리게 되는 이젤 같은 것을요. 그리고 책들이 있는 책꽂이도요. 그리고 우리가 앉아서 TV는 보지 않는 책상들도요.

교실 앞에 있는 책상들 중 하나에는 빨간 의자가 있었습니다. "내 생각에, 저는 여기 앉고 싶은 것 같아요." 나는 그녀에게 말했습니다.

하지만 선생님은 말했습니다. "기다려 봐야 할 것 같아, 주니."

"B!" 나는 말했습니다. "저를 주니 *B*라고 불러 주세요!"

나는 B 부분을 정말 크게 소리 질렀습니다. 그래서 그녀가 그것을 잊지 않게 하려고 했죠.

사람들은 항상 나의 B를 깜빡하곤 합니다.

엄마는 자신의 두 눈을 굴리고는 천장을 쳐다보았습니다. 마찬가지로, 나도 그곳을 올려다보았습니다. 하지만 나는 아무것도 보지 못했습니다.

"너는 버스를 탈 거니, 주니 B.?" 선생님이 나에게 물었습니다.

나는 내 어깨를 위아래로 으쓱거렸습니다. "모르겠어요. 버스가 어디로 가는데요?"

엄마는 자신의 고개를 끄덕이며 말했습니다. "네, 주니 B는 버스를 탈 거예요."

그 말은 내 마음속에 무서운 느낌이 들게 했습니다. 왜냐면('cause) 나는 전에 한 번도 버스를 타 본 적이 없기 때문이에요.

"네, 그런데 그게 어디로 가는데요?" 나는 다시 물었습니다.

선생님은 자신의 책상에 앉았습니다. 그런 다음 그녀와 우리 엄마는 그 버스에 관해 좀 더 이야기했습니다.

나는 선생님을 톡톡 쳤습니다.

"그거 아세요? 나는 아직도 그게 어디로 가는지 몰라요."

선생님은 미소를 지었고 버스 기사 아저씨의 이름이 우 아저씨(Mr. Woo)라고 말했습니다.

"우 아저씨." 엄마가 말했습니다. "주니 B.가 기억하기 쉬운 이름이네요."

나는 내 귀를 막고 발을 쿵쿵 굴렀습니다. "네, 그런데 그 멍청하고 냄새나는 버스가 어디로 가는 건데요?"

엄마와 선생님은 얼굴을 찌푸렸습니다.

얼굴을 찌푸리는 것은 여러분의 눈썹이 심술 나 보이는 때를 말하는 거예요.

"말조심하렴, 아가씨." 엄마가 말했습니다.

내가 꾸지람을 들을 때 아가씨는 내 이름이 돼요.

나는 내 신발을 내려다보았습니다. 그것들은 전에 그랬던 것처럼 반짝여 보이지 않았습니다.

바로 그때 다른 엄마와 한 남자아이가 들어왔습니다. 그리고 선생님은 나 대신 그들과 이야기하려고 가 버렸습니다. 그렇지만, 나는 이유를 모르겠습니다. 그 남자아이는 자기 엄마 뒤에 숨어서 아주 아기처럼 행동하고 있었어요. 내 생각에, 나는 그 녀석을 때려

눕힐 수 있을 것 같습니다.

그 후에, 우리 엄마는 나를 앉히고 그 버스에 관해 설명해 주었습니다. 그녀는 버스가 노란색이라고 말했습니다. 그리고 그것이 스쿨버스라고 불린다고 했습니다. 그리고 그것이 우리 동네 끝에서 멈춘다는 것도 알려 주었죠.

그러고 나면 나는 버스에 탑니다. 그리고 앉습니다. 그러면 그것은 나를 학교로 데리고 갑니다.

"그다음에는 너희 선생님이 주차장에서 너를 만날 거야." 엄마가 말했습니다. "알겠지, 주니 B.? 그거 재미있지 않겠니?"

나는 *네*라는 뜻으로 고개를 끄덕였습니다.

하지만 내 머릿속에서 나는 *아니요*라고 말했습니다.

2장 쥐어짜이는 느낌

나는 일주일 내내 버스에 대해 두려워하며 보냈어요. 그리고 어젯밤 우리 엄마가 나를 침대에 눕힐 때, 나는 여전히 버스 때문에 토할 것 같았습니다.

"그거 아세요?" 내가 말했습니다. "나는 내일 학교에 가는 그 스쿨버스를 타고 싶지 않은 것 같아요."

그러자 우리 엄마는 내 머리를 헝클었습니다. "오, 너는 당연히 타고 싶을 거야." 그녀가 말했습니다.

"오, 당연히 타고 싶지 않아요." 내가 대꾸했습니다.

그러자 엄마는 나에게 뽀뽀하고 말했습니다. "재미있을 거야. 두고 봐. 걱정하지 말고."

그래도, 나는 걱정했습니다. 나는 아주 많이 걱정했습니다. 그리고 또, 나는 잠도 잘 자지 못했습니다.

그리고 오늘 아침 내가 일어났을 때 나는 아주 축 늘어진 기분이 들었습니다. 그리고 나의 배는 쥐어짜이는 듯했습니다. 그래서 나는 시리얼을 먹을 수가 없었습니다.

그리고 그래서 나는 엄마가 갈 준비를 할 시간이라고 말할 때까지 TV를 보았습니다.

그리고 나서 나는 벨벳처럼 보이는 치마를 입었습니다. 그리고 새로 산 털이 보송보송한 분홍색 스웨터도요. 그리고 나는 점심으로 참치 샌드위치 절반을 먹었습니다.

그 후에, 엄마와 나는 버스를 기다리려고 모퉁이까지 걸어갔습니다.

그리고 이거 아세요? 또, 거기에는 다른 엄마와 어린 여자아이도 있었습니다. 그 어린 여자아이는 검은 곱슬머리를 하고 있었는데—그것은 내가 제일 좋아하는 머리 종류입니다.

그래도, 나는 그 애에게 인사하지 않았습니다. 왜냐면 그 애는 다른 동네에서 왔으니까요. 그게 이유입니다.

그때 마침내 어떤 커다랗고 노란 버스가 모퉁이를 돌아왔습니다. 그리고 브레이크가 아주 시끄럽게 끼익 하는 소리를 냈습니다. 그래서 나는 내 귀를 막아야 했습니다.

그러고 나서 문이 열렸습니다.

그리고 버스 기사 아저씨가 말했습니다. "안녕! 나는 우 아저씨란다. 올라타렴!"

하지만 나는 올라타지 않았습니다. 왜냐면 내 두 다리가 그러고 싶지 않았기 때문이죠.

"나는 이 버스를 타고 학교에 가고 싶지 않은 것 같아요." 나는 엄마에게 다시 말했습니다.

그러자 그녀는 나를 살짝 밀었습니다. "어서, 주니 B." 그녀가 말했습니다. "우 아저씨가 너를 기다리고 있잖니. 용감한 숙녀가 돼서 타 보렴."

나는 창문을 올려다봤습니다. 검은 곱슬머리를 한 그 어린 여자아이는 벌써 버스 안에 있었습니다. 그녀가 그 위에 앉아 있으니 아주 용감해 보였습니다. 그리고 약간 행복해 보이기도 했고요.

"저 어린 여자아이가 얼마나 용감하게 행동하는지 보렴, 주니 B." 엄마가 말했습니다. "네가 그 애 바로 옆자리에 앉는 게 어떠니? 재미있을 거야. 장담할게."

그리고 그래서 나는 버스에 탔습니다.

그리고 이거 아세요?

그건 재미없었습니다.

3장 멍청하고 냄새나는 버스

그 버스는 전혀 우리 아빠의 차 같지 않았습니다. 버스 안은 엄청나게 컸습니다. 그리고 의자 위에는 천이 하나도 없었습니다.

그 곱슬머리 여자아이는 앞쪽 가까이에 앉아 있었습니다. 그리고 그래서 나는 그 애를 톡톡 쳤습니다.

"그거 아니?" 내가 말했습니다. "엄마가 나보고 여기 앉으라고 했어."

"안 돼!" 그녀가 말했습니다. "나는 나의 가장 친한 친구, 메리 루스 마블(Mary Ruth Marble)을 위해 이 자리를 맡아 놓고 있는 거야!"

그러고 나서 그녀는 내가 앉으려던 자리에 작은 흰색 손가방을 올려놓았습니다.

그리고 그래서 나는 그녀를 보고 얼굴을 찌푸렸습니다.

"서둘러 자리를 찾으렴, 꼬마 아가씨."

우 아저씨가 말했습니다.

그리고 그래서 나는 그 못된 곱슬머리 여자아이의 맞은편에 재빨리 앉았습니다. 그리고 우 아저씨는 문을 닫았습니다.

그런데, 그것은 일반적인 종류의 문이 아니었습니다. 그것은 반으로 접혔습니다. 그리고 문이 닫힐 때, 그것은 휙 하는 소리를 냈습니다.

나는 그런 종류의 문을 좋아하지 않습니다. 만약 우연히 그 문이 여러분의 몸 위로 닫힌다면, 그것은 여러분을 반으로 자를 것이고, 여러분은 질퍽거리는 소리를 낼 것입니다.

그 버스는 크게 부르릉 소리를 냈습니다. 그러자 검고 냄새나는 커다란 연기가 버스 뒷부분에서 나왔습니다. 내 생각에, 그것은 버스 연기라고 하는 것 같아요.

우 아저씨는 한동안 운전을 했습니다. 그리고 나서 브레이크는 또다시 시끄러운, 끼익 소리를 냈습니다. 나는 그 소리가 내 머릿속에 들어오지 못하도록 내 귀를 막았습니다. 왜냐하면 만약 시끄러운, 끼익 소리가 여러분의 머릿속으로 들어가면, 여러분은 아스피린을 먹어야 하기 때문입니다. 나는 TV 광고에서 그것을 보았습니다.

그때 버스 문이 다시 열렸습니다. 그리고 어떤 아빠와 시무룩한 얼굴을 한 남자아이가 탔습니다.

그 아빠는 미소를 지었습니다. 그리고 나서 그는 그 시무룩한 남자아이를 바로 내 옆자리에 털썩 앉혔습니다.

"애는 짐(Jim)이란다." 그가 말했습니다. "유감스럽지만 짐이 오늘 오후에 그렇게 행복하지는 않은 것 같구나."

그 아빠는 그 남자아이에게 작별 키스를 했습니다. 하지만 그 남자아이는 자신의 볼에서 그것을 닦아 냈습니다.

짐은 책가방을 메고 있었습니다. 그것은 파란색이었습니다.

나는 책가방을 정말 좋아합니다. 나도 나만의 책가방이 하나 있으면 좋겠습니다. 한번은 내가 쓰레기통에서 빨간 책가방을 발견했습니다. 하지만 그것에 약간 질척거리는 것이 묻어 있었고, 엄마는 안 된다고 했습니다.

짐의 책가방에는 지퍼가 많이 달려 있었습니다. 나는 그것들을 하나씩 하나씩 만졌습니다.

"하나. . . 둘. . . 셋. . . 넷." 나는 수를 세었습니다.

그리고 나서 나는 지퍼 하나를 열었습니다.

"야! 하지 마!" 짐이 소리쳤습니다.

그는 바로 다시 지퍼를 올렸습니다. 그런 다음 그는 내 앞에 있는 자리로 옮겨 갔습니다.

나는 짐 저 녀석이 싫습니다.

그 후로, 버스는 계속해서 멈추고 출발했습니다. 그리고 많은 아이들이 계속해서 올라탔습니다. 시끄러운 아이들이었어요. 그리고 그들 중 몇 명은 심술쟁이처럼 보이는 아이들이었어요.

그 후 버스는 아주 시끄러워지고 그 안은 더워지기 시작했습니다. 그리고 해가 내 몸과 내 털이 보송보송한 더운 스웨터 위로 계속 내리쬐고 있었습니다.

그리고 여기 뜨거운 것이 하나 더 있습니다. 손잡이가 달려 있지 않아서 나는 내 자리의 창문을 내릴 수가 없었습니다. 그리고 그래서 나는 그저 계속해서 뜨거워지고 또 뜨거워질 뿐이었습니다.

그리고 또, 버스에서는 냄새도 났습니다. 버스는 마치 계란 샐러드 샌드위치 같은 냄새가 났습니다.

"저는 여기서 내리고 싶어요." 나는 곧바로 크게 말했습니다. 하지만 아무도 내 말을 듣지 못했습니다. "나는 이 멍청하고 냄새나는 버스에 있는 게 싫어요."

그때 내 두 눈은 살짝 촉촉해졌습니다. 그래도, 나는 울고 있지는 않았어요. 왜냐면 나는 아기가 아니니까요, 그래서 그렇죠.

그 후에, 내 코에서는 콧물이 나기 시작했습니다. 하지만 버스에는 글러브 박스가 없었습니다. 물론, 그곳은 여러분이 여행용 화장지를 보관하는 곳이죠. 그리고 그래서 나는 내 털이 보송보송한 분홍색 스웨터 소매로 내 코를 닦아야 했습니다.

그 후 나는 1시간이나 3시간 정도 버스에 있었습니다. 마침내 내가 깃대와 운동장을 볼 때까지 말이죠.

그것은 우리가 학교에 도착했다는 뜻이었습니다!

그때 우 아저씨는 주차장으로 버스를 몰고 가서 멈췄습니다.

나는 아주 빨리 벌떡 일어났습니다. 왜냐면 내가 원했던 것은 그 멍청하고 냄새나는 것에서 내리는 것뿐이었기 때문입니다!

그런데 이거 아세요? 짐 그 녀석이 바로 내 앞으로 밀치면서 끼어들었어요. 마찬가지로, 곱슬머리의 못된 여자아이도 그랬습니다. 그리고 그런 다음 사람들이 나를 정말 꽉 찌그러뜨리기 시작했습니다. 그리고 그래서 나는 그들을 밀쳐 버렸습니다. 그리고 그들은 바로 다시 나를 밀었습니다.

바로 그때 나는 넘어지고 말았어요! 그리고 커다란 발이 벨벳처럼 보이는 내 치마를 밟았습니다.

"그만해!" 나는 소리쳤습니다.

그러자 우 아저씨가 소리 질렀습니다. "이봐, 이봐, 얘들아!"

그리고 그는 나를 일으켜 세웠어요. 그리고 내가 버스에서 내리게 도와주었습니다.

엄마가 말한 것처럼 선생님이 나를 기다리고 있었습니다.

"안녕하세요! 모두 만나서 반가워요!" 그녀가 외쳤습니다.

그때 나는 그녀에게 달려갔습니다. 그리고 나는 그녀에게 벨벳처럼 보이는 내 치마에 묻은 큰 발자국을 보여 주었습니다.

"네, 그런데 무슨 일이 일어났는지 좀 보세요. 난 발에 밟혔고 그래서 이제 더러워졌어요."

선생님은 치마를 털어 주었습니다. "걱정하지 마, 주니." 그녀가 말했습니다. "그건 지워질 거야."

그 후에 나는 그저 팔짱을 끼고 얼굴을 찌푸렸습니다.

왜 그런지 아세요?

그녀가 내 B를 또 깜빡했기 때문입니다.

4장 나와 루실(Lucille) 그리고 몇몇 다른 아이들

또, 버스를 타는 다른 아이들 중 몇 명도 우리 반이라는 것을 알게 되었습니다.

그들 중 한 명이 짐 그 녀석이었죠.

내가 싫어하는 짐 그 녀석 말이에요.

선생님은 우리가 줄을 서게 했습니다. 그리고 나서 우리는 교실까지 그녀를 따라갔습니다. 교실의 이름은 9반입니다.

문 옆에서 다른 아이들이 기다리고 있었습니다. 선생님이 문을 열자, 모두가 한꺼번에 비집고 들어갔습니다.

짐 그 녀석이 내 새 신발을 밟았습니다. 그는 내 빛나는 발가락 부분에 긁힌 자국을 냈습니다. 핥아도 고칠 수 없는 종류였습니다.

"야! 조심해, 이 멍청한 짐!" 나는 그에게 소리 질렀습니다.

선생님은 내 옆쪽으로 몸을 숙였습니다. "우리가 학교에 있는 동안 조용한 목소리를 사용하도록 하자." 그녀가 말했습니다.

나는 착하게 고개를 끄덕였습니다. "나는 짐 저 녀석이 싫어요." 나는 조용한 목소리로 말했습니다.

그다음에, 선생님은 아주 크게 손뼉을 쳤습니다.

"모두 가능한 한 빨리 의자를 찾아서 앉도록 해요." 그녀가 말했습니다.

바로 그때 나는 빨간 의자가 있는 책상으로 달려갔습니다. 그런데 이거 아세요? 거기에는 벌써 다른 아이가 앉아 있었습니다! 작은 빨간 손톱을 가진 여자아이였습니다.

그리고 그래서 나는 그녀를 톡톡 치며 말했습니다. "내 생각에, 나는 거기 앉고 싶은 것 같아."

"안 돼." 그녀가 말했습니다. "내가 앉아 있잖아."

"그래, 그런데 내가 벌써 그 의자를 골랐거든." 나는 그녀에게 말했습니다. "네가 내 말을 못 믿겠으면 우리 엄마한테 물어봐."

하지만 그 여자아이는 안 된다며 고개를 흔들 뿐이었습니다.

그리고 그때 선생님이 다시 손뼉을 크게 치며 말했습니다. "어서 자리에 앉아요!"

그래서 그때 나는 멍청한 노란 의자에 재빨리 앉아야 했습니다.

그 멍청한 노란 버스와 같은 멍청한 색깔이었습니다.

그리고 나서, 선생님은 교실 뒤에 있는 커다란 벽장으로 걸어갔습니다. 그것은 물품 보관함이라고 불립니다. 그녀는 뾰족한 새 크레용이 들어 있는 상자들과 하얀 동그라미 몇 개를 꺼냈습니다. 그런 다음 그녀는 그것들을 나눠 주었습니다. 그리고 우리는 동그라미에 이름을 또박또박 적어서 옷 앞에 핀으로 고정해야 했습니다.

그것이 우리의 첫 번째 활동이었습니다.

"만약 여러분의 이름을 쓰는 데 도움이 필요하면, 손을 드세요." 선생님이 말했습니다.

나는 손을 들었습니다.

"저는 도움이 필요하지 않아요." 나는 그녀에게 말했습니다. "내가 글씨를 예쁘게 쓴다고 밀러 할머니(Grandma Miller)가 말하셨거든요."

나는 빨간색을 썼습니다. 하지만 그때 실수가 생겼습니다. 나는 주니를 너무 크게 썼고 B를 쓸 자리가 전혀 없었습니다. 그리고 그래서 나는 그 글자를 아래쪽에 아주 조그맣게 구겨 넣어야 했습니다.

"나는 이 멍청하고 바보 같은 동그라미가 싫어!" 나는 소리 질렀습니다.

선생님은 쉿 소리를 내며 나에게 새로운 동그라미를 하나 주었습니다.

"감사합니다." 나는 상냥하게 말했습니다. "내가 글씨를 예쁘게 쓴다고 밀러 할머니가 말했어요."

작은 빨간 손톱을 가진 그 여자아이는 나보다 더 빨랐습니다. 그녀는 자신의 동그라미를 보여 주며 자신의 글자들을 가리켰습니다.

"L-U-C-I-L-L-E. 그게 루실(Lucille)이 되는 거야." 그녀가 말했습니다.

"루실이라는 그 이름 마음에 든다." 내가 말했습니다. "왜 그런지 아니? 바다표범(seal)이 내가 제일 좋아하는 동물이거든. 그래서 그래."

그다음에 선생님은 도화지를 나눠주었습니다. 그리고 우리는 우리의 가족에 대한 그림을 그렸습니다.

선생님은 내 그림에 스마일 스티커를 붙여 주었습니다.

그림은 아주 멋졌습니다. 다만 나는 아빠를 너무 작게 그렸어요. 그리고 엄마의 머리카락은 막대기 같아 보였습니다.

그 후에, 선생님은 우리 반 아이들을 데리고 학교 주변을 산책했습니다. 모두가 같이 걸을 짝꿍을 찾아야 했습니다.

내 짝꿍은 루실이었습니다. 우리는 손을 잡았습니다.

내가 때려눕힐 수 있는 그 남자아이는 우리 바로 앞에 있었습니다. 그의 짝꿍은 짐 그 녀석이었습니다.

내가 싫어하는 짐 그 녀석 말입니다.

우리가 걸어간 첫 번째 장소는 미디어 센터(Media Center)라고 불립니다. 우리 엄마는 그곳을 도서관이라고 부릅니다. 그곳은 책들이 있는 곳입니다. 그리고 이거 아세요? 책은 내가 세상에서 제일 좋아하는 것입니다!

"이것 봐! 여기 책이 엄청나게 많이 있어!" 나는 몹시 흥분해서, 소리 질렀습니다. "나는 이곳이 정말 맘에 드는 것 같아!"

사서 선생님이 내 옆쪽으로 몸을 숙였습니다. 그녀는 나에게 조용한 목소리로 말하라고 했습니다.

"네, 그런데 이거 아세요? 나는 지금 그냥 그림책 종류가 좋거든요. 그런데 엄마는 제가 크면, 제가 그냥 글씨만 있는 종류를 좋아할 거라고 말해요. 그리고 또, 토마토 스튜도요."

내가 때려눕힐 수 있는 그 남자아이가 말했습니다. "쉬이잇."

나는 그에게 주먹을 쥐어 보였습니다.

그러자 그는 돌아섰습니다.

그 후에, 우리는 구내식당으로 갔습니다. 구내식당은 아이들이 점심을 먹는 곳입니다. 여러분이 유치부에 있을 때는 빼고 말이죠.

"으으음!" 내가 말했습니다. "여기에선 맛있는 냄새가 나네! 파스게티(pasketti)랑 미트볼 같아!"

그러자 짐 그 녀석이 돌아서서 자기 코를 잡았습니다.

"으웩. . . 너 냄새 난다." 그가 말했습니다.

루실이 아주 심하게 웃었습니다.

그리고 그래서 나는 그녀의 손을 놓았습니다.

우리가 간 다음 장소는 보건실이었습니다.

그곳은 아주 귀여웠습니다. 여러분이 누울 수 있는 작은 침대 두 개가 있습니다. 그리고 격자무늬의 작은 담요 두 장도 있지요.

우리 보건 선생님은 간호사처럼 보이지 않습니다. 그녀는 하얀 옷과 하얀 신발을 신지 않았죠.

우리 보건 선생님은 그냥 보통 색입니다.

루실이 손을 들었습니다. "우리 오빠가 작년에 여기 왔다고 말했어요. 그리고 선생님이 오빠가 신발을 벗게 해 줬대요. 그래서 오빠가 그냥 양말만 신은 채 물 한 잔을 마셨대요!"

짐 그 녀석이 다시 뒤를 돌아봤습니다.

"으웩. . . 너 발 냄새 난다." 그가 루실에게 말했습니다.

이번에는 루실이 그에게 혀를 내밀었습니다.

그 후에, 우리는 다시 손을 잡았습니다.

5장 교장 선생님

보건 선생님을 떠난 뒤, 우리는 본관으로 갔습니다. 그곳은 학교의 대장이 사는 곳입니다. 그의 이름은 교장 선생님입니다.

교장 선생님은 대머리입니다.

그는 우리에게 말했습니다.

그러자 루실이 손을 들었습니다. "우리 오빠가 작년에 여기로 내려와야 했다고 말했어요. 그리고 교장 선생님이 오빠에게 소리쳤대요. 그래서 이제 오빠는 쉬는 시간에 더 이상 애들을 때리면 안 된대요."

교장 선생님은 약간 웃었습니다. 그러고 나서 그는 우리가 나갈 수 있게 문을 잡아 주었습니다.

그런 다음, 우리는 식수대로 걸어갔습니다. 그리고 선생님은 우리에게 물을 마시게 해 주었습니다. 비록, 나는 오래 마시지 못했지만 말이에요. 왜냐면 아이들이 계속해서 나를 쳤기 때문입니다.

"얘, 서둘러." 그들이 말했습니다.

"그래, 근데 그거 아니? 그건 내 이름도 아니거든." 나는 그들에게 말했습니다.

"얘 이름은 주니 범블비(Junie Bumblebee)야." 루실이 말했습니다.

그러고 나서 그녀는 웃었습니다. 하지만 나는 그것이 정말 재미있는 농담은 아닌 것 같았습니다.

그 후에, 선생님은 우리에게 화장실이 어디에 있는지 알려 주었습니다.

우리 학교에는 두 종류의 화장실이 있습니다. 남자아이들이 가는 종류. 그리고 여자아이들이 가는 종류입니다. 하지만, 나는 남자아이들이 가는 종류에는 갈 수 없습니다. 왜냐하면 여자아이들은 출입 금지이거든요, 그래서 그렇습니다.

나는 그곳에 내 머리를 살짝 들이밀어 보려고 했어요. 하지만 선생님이 나를 향해 그녀의 손가락을 탁 하고 튕겼습니다.

그 화장실에 들어가게 된 유일한 남자아이는 내가 때려눕힐 수 있는 그 남자아이였습니다. 그 애는 아주 심하게 이리저리 움직이고 있었습니다.

그러다 그는 사방으로 뛰어다니기 시작했습니다. 그리고 그는 자기 바지 앞부분을 잡고 있었습니다.

"윌리엄(William)!" 선생님이 말했습니다. "너 비상 상황이니?"

그러자 윌리엄이 소리 질렀습니다. "네!" 그리고 그는 바로 그곳으로 뛰어갔습니다.

남은 우리들은 다시 우리 교실로 걸어갔습니다.

나는 루실의 손톱을 만졌습니다. 그녀는 자신의 손톱 매니큐어의 이름이 진짜 진짜 베리(Very Very Berry)라고 했습니다.

"마찬가지로, 나도 내 손톱을 빨간색으로 칠하고 싶어." 내가 말했습니다. "하지만 나는 손톱을 반짝거리게 하는 매니큐어 종류만 쓸 수 있어. 그것의 이름은 투명색(Clear)이야. 투명색은 침의 색깔이고."

"나는 투명색을 싫어해." 루실이 말했습니다.

"나도 싫어." 나는 그녀에게 말했습니다. "그리고 또 나는 노란색도 싫어 -그 색은 멍청하고 냄새나는 스쿨버스 색깔이잖아."

루실은 고개를 끄덕거렸습니다. "우리 오빠가 그러는데 네가 버스 타고 집에 갈 때, 애들이 네 머리에 초코우유를 쏟는대."

그러자 갑자기 내 배에서 다시 엄청나게 쥐어짜이는 듯한 느낌이 들었습니다. 왜냐하면 나는 그 버스를 타고 집에 가야 했거든요, 그래서 그렇습니다.

"왜 나에게 그 얘기를 해야 했던 거니, 루실?" 나는 약간 투덜대면서 말했습니다.

9반으로 돌아온 후, 우리는 활동을 조금 더 했습니다. 그것은 우리가 서로의 이름을 익히도록 도와주는 게임이었습니다.

나는 루실을 배우게 되었습니다. 그리고 또 샬럿(Charlotte)이라는 이름의 여자아이도요. 그리고 그레이스(Grace)라는 이름의 또 다른 여자아이도 말이죠. 그리고 나서 나는 햄(Ham)이라는 이름의 남자아이를 알게 되었는데—그것은 우리가 밀러 할머니 집에서 먹는 것입니다.

조금 있으니 선생님이 큰 소리로 손뼉을 쳤습니다.

"좋아요, 여러분. 자신의 물건을 챙기세요. 종이 칠 시간이 거의 다 되었어요."

그때 나는 주차장에서 나는 소리를 들었습니다. 그것은 끼익거리는 브레이크 소리였습니다. 그리고 그래서 나는 창밖을 내다봤습니다. 그리고 나는 스쿨버스를 보았습니다.

그 버스는 나를 잡으러 오고 있었습니다!

"오 안 돼!" 나는 살짝 큰 소리로 말했습니다. "이제 내 머리에 초코우유가 쏟아질 거야!" 그런 다음 나는 내 손가락을 물어뜯었습니다.

"줄을 서세요! 줄을 서요!" 선생님이 말했습니다. "우리가 밖에 나가면, 버스를 타는 학생들은 모두 나를 따라오도록 해요. 나머지 학생들은 교통 안전 요원에게 가야 해요."

모두 줄을 서고 있었습니다. 나는 맨 마지막에 있는 학생이었습니다.

바로 그때 종이 울렸고 선생님은 문 밖으로 걸어갔습니다. 그러자 또한, 다른 모든 아이들도 걸어 나갔습니다.

그런데 이거 아세요?

나는 나가지 않았습니다.

6장 숨기 대장

여러분이 줄에서 맨 마지막에 서 있으면, 아무도 여러분을 보지 않습니다. 그래서 내가 선생님 책상 뒤에 몸을 숨여 숨었을 때 아무도 나를 보지 못했던 것입니다.

나는 숨기 대장입니다.

예전에 밀러 할머니의 집에서, 나는 부엌 싱크대 밑에 숨은 적이 있습니다. 그러다가 나는 으르렁거리는 소리를 내며 할머니에게 불쑥 튀어나왔습니다.

나는 이제 더 이상 그걸 할 수 없습니다.

아무튼, 나는 한동안 선생님 책상 뒤에서 쭈그리고 있었습니다. 그리고 그때 나는 숨기에 더 좋은 장소를 보았습니다. 그것은 교실 뒤에 있는 커다란 물품 보관함이었습니다.

그리고 그래서 나는 아주 빨리 그곳으로 뛰어갔습니다. 그리고 나는 아래 선반으로 비집고 들어갔습니다. 나는 색지 바로 위에 몸을 구겨 넣었습니다.

내 몸의 대부분은 편안했습니다. 하지만 내 머리가 약간 너무 꽉 끼었습니다. 그리고 내 무릎은 완전히 구부러져 있었습니다. 마치 내가 공중제비를 할 때처럼 말입니다.

그러고 나서 나는 문이 거의 닫히도

록 당겼습니다.

"그래도, 문을 완전히 닫지는 말자. 그리고 나는 *진심이야.*" 나는 곧바로 소리 내어 말했습니다.

나는 오랫동안 정말 조용히 있었습니다. 그러다가 나는 복도에서 나는 소리를 들었습니다. 그리고 어떤 발소리가 교실 안으로 뛰어 들어왔습니다. 내 생각엔, 어른들이 내는 발소리 같았습니다.

"무슨 일이에요?" 나는 누군가가 묻는 소리를 들었습니다.

"우리 반 여자아이 중 한 명이 사라졌어요." 선생님처럼 들리는 목소리가 말했습니다. "그 아이 이름은 주니 B. 존스예요. 그리고 그 애는 버스에 타지 않았어요. 그래서 지금 우리가 나가서 그 애를 찾아봐야 해요."

그런 다음 나는 열쇠 몇 개가 짤랑거리는 소리를 들었습니다. 그리고 그 발소리는 다시 밖으로 뛰어나갔습니다. 그리고 그런 다음 문이 닫혔습니다.

하지만, 나는 여전히 보관함에서 나가지 않았습니다. 만약 여러분이 숨기 대장이라면, 여러분은 아주, 아주 오랫동안 밖으로 나오면 안 됩니다.

나는 잔뜩 웅크린 채 그냥 그곳에 머물렀습니다. 그리고 나는 스스로에게 이야기를 들려주었습니다. 소리 내어 말하는 이야기는 아니었죠. 나는 그냥

내 머릿속에서 말했습니다. 그것은 "숨어 있는 작은 소녀"라는 이야기였습니다.

내가 그걸 지어 냈습니다. 그리고 이야기는 이런 내용입니다:

옛날 옛적에 숨어 있는 작은 소녀가 살았습니다. 소녀는 아무도 자신을 찾을 수 없는 비밀 장소에 있었습니다. 하지만 그녀의 머리는 아주 꽉 끼었습니다. 그리고 그녀의 뇌는 찌그러져 새어 나오고 있었습니다.

하지만 소녀는 여전히 비밀 장소에서 나올 수 없었습니다. 그러면 냄새나는 노란 괴물이 그녀를 잡을 테니까. 그리고 또, 초코우유를 가진 못된 아이들도요.

끝.

그 후에, 나는 내 눈을 쉬게 했습니다.

눈을 쉬게 하는 것은 내 할아버지가 저녁을 먹고 나서 TV를 볼 때 하는 일입니다. 그리고 나서 그는 코를 곱니다. 그러면 밀러 할머니는 말하죠. "가서 자요, 프랭크(Frank)."

그래도, 그것은 낮잠과 같은 것이 아닙니다. 왜냐면 낮잠은 아기들을 위한 것이니까요, 그래서 그렇습니다.

그리고 아무튼, 나는 코를 골지 않았

습니다. 나는 그냥 침을 조금 흘렸을 뿐입니다.

그러고 나서 마침내 내 눈이 쉬기를 끝냈을 때, 내 눈이 일어났습니다.

그리고 그래서 나는 보관함에서 나와 곧장 창문으로 뛰어갔습니다. 그리고 이거 아세요? 주차장에는 차가 한 대도 없었습니다. 마찬가지로, 멍청하고 냄새나는 버스도 없었죠!

"휴! 다행이네." 나는 말했습니다.

다행은 여러분의 배에서 더 이상 쥐어짜는 듯한 느낌이 들지 않는 것입니다.

그 후에, 나는 보관함으로 돌아갔습니다. 왜냐면 내가 숨어 있는 동안, 점토 냄새를 맡았기 때문이죠, 그래서 그렇습니다. 그리고 점토는 내가 세상에서 제일 좋아하는 것이에요!

"있지! 난 그것을 저 위에서 봤어!" 내가 말했습니다.

그 점토는 가운데 선반에 있었습니다. 나는 점토를 가지러 의자 위로 올라섰습니다.

그것은 파란색이고 뻣뻣했습니다. 그리고 그래서 나는 그것을 부드럽고 따뜻하게 만들기 위해 바닥에서 굴려야 했습니다. 그런 다음 나는 파란 오렌지가 되도록 그것을 굴렸습니다. 그것은 아주 아름다웠습니다. 그 위에 약간의 먼지와 머리카락이 붙어 있었지만요.

다 만들고 난 후, 나는 교실 앞으로 가서 선생님의 큰 의자에 앉았습니다. 나는 선생님들의 책상을 아주 좋아합니다. 내 생각에는, 서랍이 아주 커서 내가 그 안에 들어갈 수 있을 것 같습니다.

나는 맨 위 서랍을 열었습니다. 스마일 스티커들이 있었습니다. 그리고 고무줄도요. 그리고 또, 금색 별도 있었는데—그것들은 내가 아주 많이 좋아하는 것입니다.

나는 내 이마에 하나를 붙였습니다.

그러고 나서 나는 종이 집게를 발견했습니다. 그리고 빨간 마킹펜도요. 그리고 뾰족한 끝이 없는 새 연필도요. 그리고 가위도 발견했죠. 그리고 여행용 화장지도요. 그리고 또 뭐가 있었는 줄 아세요?

"분필!" 내가 말했습니다. "심지어 그 작은 상자에서 아직 꺼내지도 않은 새 분필이야!"

그런 다음 나는 내 선생님 의자 위에 올라서서 아주 크게 손뼉을 쳤습니다.

"모두 의자를 찾아 앉도록 해요! 오늘 우리는 알파벳 몇 개와 읽기를 조금 배울 거예요. 그리고 또, 내가 여러분에게 파란 오렌지를 만드는 법을 가르쳐줄게요. 하지만 먼저, 모두 내가 물건을 그리는 것을 봐야 해요."

그 후에 나는 칠판으로 가서 새 분

필로 그림을 그렸습니다. 나는 콩 한 알과 당근 한 개 그리고 곱슬거리는 머리카락을 조금 그렸습니다.

그런 다음 나는 O를 몇 개 썼습니다.

O는 내가 가장 좋아하는 글자입니다.

그 후, 나는 고개를 숙여 인사했습니다. "정말 고마워요 여러분." 내가 말했습니다. "이제 여러분 모두 쉬러 나가도 좋아요. . ."

나는 미소 지었습니다.

"짐 저 녀석만 빼고요."

7장 살짝 엿보는 구멍과 훔쳐보기

얼마 후에, 나는 약간 목이 마르기 시작했습니다. 그것은 목에 분필 가루가 걸리면 일어나는 일입니다.

"내 생각에, 나는 물을 한 잔 마시고 싶은 것 같아." 내가 말했습니다.

그러고 나서 나는 내 허리에 손을 올렸습니다. "그래, 그런데 누가 식수대에서 너를 보면 어떡해? 그러면 그들이 너를 잡아가라고 멍청하고 냄새나는 버스를 부를지도 몰라. 그리고 그러니까 너는 가지 않는 게 좋겠어."

나는 내 발을 쿵쿵 굴렀습니다. "그래, 하지만 나는 가야만 해! 왜냐면 내 목에 멍청한 분필이 있으니까!"

그때 문득 나는 좋은 생각이 났습니다! 나는 의자를 문 쪽으로 끌어당겼습니다. 그리고 나는 꼭대기에 있는 창문 밖을 엿보았습니다!

나는 엿보기 대장입니다.

예전에 나는 밀러 할아버지가 잘 때 할아버지의 입속을 엿보았습니다. 그리고 나는 입 뒤쪽에서 늘어져 있는 그 흔들리는 것을 보았습니다. 그래도, 나는 그것을 만지지 않았습니다. 왜냐면 내가 작은 막대기 같은 것을 가지고 있지 않았기 때문이에요, 그게 이유입니다.

어쨌든, 나는 복도에서 아무도 보지 못했습니다. 그리고 그래서 나는 문을 살짝 열었습니다. 그리고 나는 코를 킁킁거렸습니다. 왜냐면 코를 킁킁거리면, 주변에 사람들이 있는지 냄새를 맡아 볼 수 있기 때문입니다.

나는 나의 개, 티클(Tickle)에게서 냄새 맡는 것을 배웠습니다. 개는 모든 것의 냄새를 맡을 수 있습니다. 사람은 주로 그냥 강한 냄새만 맡을 수 있습니다. 악취나 꽃 그리고 저녁 식사 같은 것들 말이죠.

"아니. 누구의 냄새도 안 나." 내가 말했습니다.

그러고 나서 나는 식수대로 달려갔고 오랫동안 물을 마셨습니다. 그리고 아무도 나를 톡톡 치며 이렇게 말하지 않았습니다. "얘, 서둘러."

그 후에, 나는 까치발로 섰습니다. 그리고 나는 미디어 센터까지 까치발로 걸어갔습니다. 왜냐면 나는 그 장소를 정말 좋아하기 때문이죠! 기억하죠?

미디어 센터는 일종의 요새 같은 곳입니다. 선반은 성벽 같습니다. 그리고 책들은 약간 벽돌 같아요. 그리고 여러분은 책 몇 개를 움직여서 엿보는 구멍을 만들 수 있습니다.

엿보는 구멍은 여러분이 훔쳐보는 곳입니다.

그러다 여러분이 누군가 오는 것을 본다면, 아주 조용히 숨을 쉬면 됩니다. 그러면 그들은 여러분을 찾지 못할 것입니다.

나는 오랫동안 훔쳐보았습니다. 하지만 아무도 오지 않았어요. 미디어 센터에 있는 유일한 사람은 나와 물고기 몇 마리뿐이었습니다.

물고기들은 큰 유리 수조 안에 있었습니다. 나는 그 안에 있는 물고기들에게 손을 흔들었습니다. 그리고 나서 나는 연필로 물고기들을 휘저었습니다.

나는 생선을 아주 좋아합니다. 나는 그것을 코울슬로와 함께 저녁으로 먹습니다.

바로 그때 나는 내가 세상에서 가장 제일 좋아하는 것을 보았습니다! 그 이름은 바로 전동 연필깎이입니다! 그리고 그것은 사서 선생님의 책상 바로 위에 있었습니다!

"이것 봐!" 나는 아주 신이 나서 말했습니다. "나 저거 어떻게 쓰는지 알 것 같아!"

그러고 나서 나는 책상 서랍 안을 보았습니다. 그리고 이거 아세요? 그 안에는 새 연필이 아주 많았습니다!

그리고 그래서 나는 그것들을 깎았습니다!

그것은 어떤 것보다도 재미있었습니다! 왜냐면 전동 연필깎이는 기분 좋은 소리를 내기 때문입니다. 그리고 여러분은 연필을 여러분이 원하는 만큼 아주 작게 만들 수 있습니다. 여러분은 그저 그것들을 작은 구멍으로 계속 밀어 넣기만 하면 됩니다. 그러면 그것들은 계속해서 점점 더 작아집니다.

하지만, 그것은 크레용에는 작동하지 않아요. 나는 빨간 크레용을 한번 깎아 보았습니다. 그러자 연필깎이가 아주 느려졌습니다. 그리고 그다음 그것은 드르르르륵 하는 소리를 냈습니다. 그리고 그 후에, 그것은 더 이상 움직이지 않았습니다.

바로 그때 나는 어떤 소리를 들었습니다! 그것은 걷는 발소리였습니다. 그리고 그것은 내 마음을 무섭게 했습니다. 왜냐면 나는 누구도 나를 찾지 않았으면 했으니까요, 그래서 그렇습니다!

그리고 그래서 나는 아주 낮게 쪼그리고 앉아서 나의 살짝 엿보는 구멍을 통해 보았습니다.

그때 나는 쓰레기통을 든 한 남자를 보았습니다! 그는 "무지개 너머 어딘가 (Somewhere Over the Rainbow)"를 부르고 있었습니다. 그것은 내가 아는 노래입니다. 그것은 내가 가장 좋아하는 영화, 오드의 마법사(*The Wizard of Odds*)라는 영화에 나옵니다.

쓰레기통을 든 그 남자는 나를 보지 못했습니다. 그는 복도를 따라서 걸어 갔습니다. 그러고 나서 나는 그가 밖으로 나가는 소리를 들었습니다. 나는 오랫동안 쪼그려 앉아 있었습니다. 하지만 그는 다시는 돌아오지 않았습니다.

"휴! 방금은 아슬아슬했어!" 내가 말했습니다.

그리고 그래서 나는 숨기 더 좋은 곳을 찾아 달려갔습니다.

8장 위험한 보건실

내가 어디로 달려갔는지 아세요? 당연히, 곧장 보건실로 갔지요! 왜냐하면 거기에는 그 아래에 숨을 수 있는 작은 격자무늬 담요들이 있기 때문이죠!

또한, 거기에는 다른 멋진 물건들도 있습니다. 여러분의 몸무게를 잴 수 있는 저울 같은 것 말이죠. 그리고 거대한 E와 다른 글자들이 적힌 표지판도 있습니다.

보건 신생님은 그 표지판을 사용해서 여러분의 눈을 검사합니다. 그녀는 글자들을 가리킵니다. 그러면 여러분은 그것들의 이름을 외쳐야 합니다.

여러분은 E를 가장 크게 외쳐야 합니다. 그게 바로 그 글자가 이렇게 커다란 이유랍니다.

그리고 내가 보건실에서 또 무엇을 봤는지 아세요? 반창고, 바로 그거예요! 나는 그 녀석들을 정말 좋아합니다!

그것들은 책상 위에 있었습니다. 그리고 그래서 나는 뚜껑을 열었습니다. 그리고 나는 킁킁거리며 그것들의 냄새를 맡았습니다.

"으으음." 내가 말했습니다. 왜냐하면 반창고에서 새 비치 볼 같은 냄새가 났거든요.

그러고 나서 나는 그것들을 와르르 쏟았습니다. 그것들은 내가 지금까지 본 것 중 가장 제일 예쁜 반창고들이었습니다! 그것들은 빨간색과 파란색 그리고 초록색이었죠! 그리고 또 노란색도 있었습니다. 그것은 내가 싫어하는 색입니다.

그리고 또, 그것들은 모양이 서로 달

랐습니다. 네모와 동그라미가 있었습니다. 그리고 몇 개는 아주 긴 종류였는데—내 생각엔, 새모(tangle)라고 불리는 그런 종류였어요.

나는 초록색 동그라미를 내 무릎에 붙였습니다. 그곳은 내가 지난주에 보도에서 넘어진 곳입니다. 지금 그곳은 거의 다 좋아졌습니다. 하지만 만약 내가 내 엄지손가락으로 그곳을 아주 세게 누르면, 나는 여전히 그곳을 아프게 할 수 있습니다.

그런 다음, 나는 내 손가락에 파란색 새모를 붙였습니다. 그곳은 내가 소풍용 탁자에서 가시가 박힌 곳입니다. 엄마가 족집게로 그것을 빼냈습니다. 하지만 내 생각에는, 그곳에 아직도 탁자가 조금 있는 것 같습니다.

또, 나는 내 팔에 빨간 네모를 붙였습니다. 그곳은 티클이 나를 할퀸 곳입니다. 왜냐하면 내가 티클을 몹시 화나게 했기 때문입니다.

바로 그때 나는 보건 선생님의 보라색 스웨터를 보았습니다. 그것은 그녀의 의자에 걸려 있었습니다.

나는 그것을 입었습니다.

"이제 내가 보건 선생님이야." 내가 말했습니다.

그러고 나서 나는 앉았습니다. 그리고 나는 병원에 전화하는 척했습니다.

"여보세요, 병원이죠? 저예요, 보건

선생님. 저는 반창고 몇 개랑 아스피린 약간 그리고 체리 맛 기침용 사탕이 조금 필요해요. 하지만 입을 얼얼하게 만드는 종류는 말고요."

"그리고 저는 아이들이 주사 맞을 때 줄 막대 사탕도 조금 필요해요."

"그리고 또 저는 제가 목구멍 안에 매달려 흔들리는 것을 건드려야만 할 때를 대비해서 작은 막대기나 그런 것도 필요해요."

그러고 나서 나는 9반에 전화하는 척했습니다.

"여보세요, 선생님? 짐 그 녀석을 보건실로 보내 주세요. 녀석에게 주사를 한 방 놔 줘야겠어요."

바로 그때 나는 내가 세상에서 가장 제일 좋아하는 것을 보았습니다! 그것들은 문 근처에 있었습니다. 그리고 그것들의 이름은 목발이라고 해요!

목발은 여러분의 다리가 부러졌을 때를 위한 것입니다. 그러면 의사 선생님이 여러분의 발가락만 튀어나오게 해서 다리를 크고 하얀 깁스로 감쌉니다. 그리고 여러분은 깁스를 한 채로는 걸을 수 없습니다. 그리고 그래서 의사 선생님은 여러분이 몸을 휙 움직일 수 있도록 목발을 주게 됩니다.

나는 달려가서 목발을 집어 들었습니다. 그런 다음 나는 그것들을 내 겨드랑이 아래에 넣었습니다. 하지만 그것들은 나에게는 너무 길었습니다. 그래서 나는 그렇게 멋지게 휙 움직이지 못했습니다.

그리고 그래서 그때 나는 또 다른 좋은 생각이 떠올랐습니다! 나는 그것들을 보건 선생님의 의자로 가져갔습니다. 그리고 내가 그 위에 올라가자 나는 정말 키가 커졌어요. 그리고 그런 다음 나는 목발을 내 겨드랑이 밑에 넣었습니다. 그랬더니 목발이 아주 딱 맞았습니다!

그 후에, 나는 의자 가장자리에 섰습니다. 그리고 나는 아주 천천히 앞으로 몸을 숙였습니다.

하지만 그때 끔찍한 일이 일어났어요! 그 의자에는 바퀴가 달려 있었습니다. 그리고 그것은 내 발에서 멀리 굴러가 버렸습니다! 그래서 나는 하늘 높이 목발을 짚은 채 꼼짝 못하게 되었습니다! 그리고 나는 그 위에서 심하게 휘청거렸고요!

"저기요!" 나는 외쳤습니다. "여기서 날 내려 주세요!"

그리고 나서 나는 이리저리 움직였습니다. 그랬더니 목발 하나가 미끄러졌습니다. 그리고 나는 아래로 떨어졌습니다! 그리고 나는 책상에 내 머리를 박았습니다!

"아야!" 나는 소리 질렀습니다. "아야! 아야! 아야!"

그러고 나서 나는 다시 전화기를 들었습니다. "난 이 멍청한 일을 그만두겠어요!" 내가 말했습니다.

그리고 그때 나는 그곳에서 아주 빨리 달려 나왔습니다.

왜냐면 보건실은 위험한 곳이기 때문입니다.

그리고 목발은 내가 제일 좋아하는 것이 아닙니다.

9장 엄청 빨리 쌩 하고 달리기

나는 학교 안에서 뛰는 것을 좋아합니다.

그것은 집 안에서 뛰는 것보다 더 재미있습니다. 학교에서 여러분은 제트기처럼 두 팔을 뻗고 쌩 하고 갈 수 있습니다. 그리고 여러분은 가구를 엎어트리지도 않습니다. 그리고 또 여러분 엄마의 새 조각상에서 머리가 떨어져 나가게 하지도 않습니다. 내 생각에, 그것은 파랑어치였던 것 같습니다.

나는 구내식당으로 곧장 쌩 하고 달려갔습니다. 왜냐면 그곳에는 아래에 숨을 수 있는 식탁들이 많기 때문입니다. 그런데 내가 문을 열려고 하자, 문이 전부 잠겨 있었습니다!

그리고 그래서 그때 나는 복도 건너편에 있는 다른 교실로 달려갔습니다.

그런데 역시, 그 멍청한 문도 잠겨 있었습니다!

"이런! 누가 이렇게 멍청하게 다 잠가 놓은 거야?" 내가 물었습니다.

그때 나는 위아래로 움직이기 시작했습니다. 왜냐면 나에게 약간의 문제가 있었거든요, 그게 이유입니다. *개인적*이라고 불리는 종류의 문제죠.

그리고 그것은 화장실에 가는 일에 관한 것입니다.

그리고 그래서 갑자기 나는 아주 잽싸게 복도를 따라서 달려야 했습니다!

여자 화장실로 곧장 가야 했죠!

그런데 이거 아세요? 내가 거기에 도착했을 때, 역시, 그 멍청한 문도 열리지 않았습니다!

그리고 그래서 나는 문을 찼습니다. 그리고 나는 손잡이에 매달렸습니다. 왜냐면 나는 몸무게가 37파운드(약 16.8킬로그램)나 나가기 때문입니다.

"문 열어 진심이야!" 나는 소리쳤습니다.

하지만 문은 계속해서 닫혀 있었습니다!

"이건 비상 상황('mergency)이라고!" 나는 외쳤습니다.

그리고 그때 갑자기 나는 내가 때려 눕힐 수 있는 남자아이가 생각났습니다! 왜냐면 마찬가지로, 그에게도 비상 상황이 생겼었기 때문입니다! 그리고

그는 남자 화장실로 들어갈 수 있었죠!

그리고 그래서 나는 복도 건너편으로 쌩 하고 달려갔습니다. 그리고 나는 남자 화장실 문을 당겼습니다. 하지만 이번에도, 그 멍청한 문이 잠겨 있었습니다!

"멍청한, 멍청한 문!" 나는 소리 질렀습니다.

그 후에, 나는 아주 빠르게 위아래로 들썩이기 시작했습니다. "오, 안 돼! 이제 나는 벨벳처럼 보이는 내 치마에 실례할 것 같아!"

하지만 바로 그때 나는 비상 상황에 관한 다른 무언가를 떠올렸습니다. 왜냐면 엄마가 나에게 내가 도움이 필요할 경우 무엇을 해야 하는지 말해 주었기 때문입니다.

그리고 그것의 이름은 911에 전화하기입니다!

그래서 그때 나는 다시 위험한 보건실로 달려갔습니다. 왜냐면 그곳은 전화기가 있는 곳이니까요, 그렇고 말고요! 그리고 그런 다음 나는 전화기를 들었습니다. 그리고 나는 9를 눌렀습니다! 그리고 1! 그리고 또 한 번 더 1을 눌렀어요!

"도와주세요! 지금 비상 상황이에요!" 나는 외쳤습니다. "이곳에 있는 문이 전부 다 잠겼어요! 그리고 이제 저에게 끔찍한 일이 생길 거예요!"

그런 다음 나는 상대방의 목소리를 들었습니다. 그녀는 나에게 진정하라고 말했습니다.

"네, 하지만 난 그럴 수 없어요! 왜냐면 저는 정말 큰 곤경에 처했거든요! 그리고 저는 혼자 있어요! 그리고 저는 정말 진심으로 도움이 필요해요!"

그러자 그 아주머니가 다시 진정하라고 말했습니다. 하지만 나는 가만히 있을 수 없었어요! 그리고 그래서 나는 그냥 전화를 끊고 바로 거기서 뛰쳐나왔습니다.

그리고 나는 내가 복도 끝에 있는 커다란 문에 도착할 때까지 그저 계속해서 뛰고 또 뛰었습니다.

그리고 그때 나는 바로 밖으로 달려나갔습니다! 왜냐면 밖에 작은 화장실 같은 것이 있을지도 모르니까요.

하지만 나는 하나도 발견할 수 없었습니다. 나에게 들리는 것은 사이렌 소리뿐이었습니다! 시끄러운 사이렌 소리가 사방에 가득했습니다.

그리고 그것들은 가까워지고 또 가까워졌습니다! 그리고 그때 커다란 초록색 소방차가 바로 모퉁이를 돌아 쌩 하고 왔습니다! 그리고 하얀색 경찰차도요! 그리고 빠른 빨간색 구급차도 말이죠!

그리고 또 이거 아세요? 그것들은 바로 학교 주차장으로 들어왔습니다!

그리고 그래서 나는 이리저리 움직이는 것을 잠깐 멈췄습니다. 그리고 나는 쿵쿵대며 공기 냄새를 맡았습니다. 하지만 나는 어떤 연기 냄새도 맡을 수 없었습니다!

그때 나는 투덜대는 목소리를 들었습니다. "애! 기다려 보렴, 아가씨!" 목소리가 외쳤습니다.

그리고 나는 마음속으로 엄청 무서워졌습니다. 왜냐면 아가씨는 내가 꾸지람을 들을 때의 이름이기 때문입니다.

나는 뒤를 돌아보았습니다. 그것은 쓰레기통을 든 남자였습니다! 그리고 그는 나를 향해 달려오고 있었습니다! "바로 거기에 가만히 있으렴!" 그가 다시 고함쳤습니다.

그리고 그때 나는 울기 시작했습니다.

"네, 하지만 그게 문제예요. 나는 참을 수가 없어요!" 내가 말했습니다. "나는 이미 할 수 있는 만큼 참았어요! 그리고 지금 저는 비상 상황을 겪고 있단 말이에요! 그리고 화장실은 모두 잠겨 있어요! 그리고 이제 저는 조금 있으면 실례를 하고 말 거라고요!"

그리고 그러자 쓰레기통을 든 남자는 더 이상 그렇게 짜증 나 보이지 않았습니다.

"음, 왜 그렇다고 말을 안 했니, 꼬마야!" 그가 말했습니다.

그러더니 그는 자신의 주머니에서 큰 열쇠 꾸러미를 꺼냈습니다. 그리고 그는 내 손을 잡았습니다.

그리고 그런 다음 그와 나는 학교로 다시 쌩 하고 돌아갔습니다! 엄청 잽싸게 말이죠!

10장 나와 그 그레이스

쓰레기통을 든 남자는 나를 위해 여자 화장실 문을 열어 주었습니다. 그리고 나는 그 안으로 곧장 뛰어 들어갔습니다.

그리고 이거 아세요? 나는 성공했습니다! 바로 그거죠! 나는 벨벳처럼 보이는 내 치마에 실례하지 않았던 거예요!

"휴! 방금 아슬아슬했어!" 내가 말했습니다.

그리고 나서 나는 세면대에서 손을 씻었습니다. 그리고 나는 거울을 보았습니다. 그리고 금색 별은 아직 내 이마에 붙어 있었습니다!

그것은 그 위에서 아주 아름답게 보였습니다!

그 후, 나는 복도로 나갔고 쓰레기통을 든 남자가 나를 향해 아래로 몸을 숙였습니다.

"다 괜찮니, 꼬마야?" 그가 말했습니다.

그리고 그래서 나는 고개를 끄덕였습니다. "저는 참아 냈어요." 나는 아주 행복하게 말했습니다.

그때 갑자기 많은 사람들이 우리에게 달려왔습니다.

소방관들이 있었습니다. 그리고 경찰관들도요. 그리고 바퀴 달린 침대를 밀고 오는 키가 큰 아주머니도 있었습니다.

"저기요!" 나는 쓰레기통을 든 남자에게 말했습니다. "무슨 일이에요? 누가 여기서 차에 치이거나 그러기라도 했나요?"

그때 나는 선생님과 교장 선생님 그리고 엄마를 보았습니다. 마찬가지로, 그들도 우리에게 달려오고 있었습니다.

그리고 그때 엄마가 허리를 숙여 나를 아주 꽉 안았습니다!

그 후 모두가 한꺼번에 말하기 시작했습니다. 그리고 아무도 조용한 목소리를 사용하지 않았습니다. 또한, 아무도 웃고 있지 않았습니다.

교장 선생님은 나에게 엄청나게 많은 질문을 하기 시작했습니다. 그것들은 대부분 물품 보관함에 숨은 것에 관한 질문들이었습니다.

"나는 숨기 대장이에요." 내가 그에

게 말했습니다.

교장 선생님은 조금 언짢은 듯이 행동했습니다. 그는 나에게 더 이상 그런 행동을 하면 안 된다고 말했습니다.

"네가 학교에 가면, 너는 규칙을 따라야 한단다." 그가 말했습니다. "만약 아이들 모두가 수업이 끝나고 물품 보관함에 숨으면 무슨 일이 생기겠니?"

"그 안에서 아주 짓눌려져 있겠죠." 내가 말했습니다.

그러자 그는 자신의 눈을 찌푸렸습니다. "하지만 우리는 누가 어디에 있는지 알 수 없을 거야, 그렇겠지?" 그가 말했습니다.

"알 수 있어요." 내가 말했습니다. "우리는 모두 물품 보관함 안에 있을 테니까요."

그러자 교장 선생님은 천장을 올려다보았습니다. 그래서 또한, 나도 올려다보았습니다. 하지만 나는 이번에도 아무것도 보지 못했습니다.

그 후에, 엄마가 내 반창고를 보았습니다. "너 다쳤니?" 그녀가 물었습니다.

그리고 그래서 나는 엄마에게 위험한 보건실에 대한 모든 것을 말해 주었습니다. 그리고 그때 나는 엄마에게 보건 선생님의 보라색 스웨터를 보여 주었습니다. 그리고 그녀는 내가 그것을 돌려놓도록 했습니다.

그 후에, 모두 떠나기 시작했습니다.

소방관들도요. 그리고 경찰관들도 말이죠. 그리고 또 침대를 가지고 온 키 큰 아주머니도요.

그리고 마침내, 우리 엄마는 나를 집으로 데려갔습니다. 그리고 이거 아세요? 나는 그 멍청하고 냄새나는 버스를 탈 필요가 없었습니다.

하지만 차를 타고 가는 것도 그렇게 재미있지는 않았습니다. 왜냐면 엄마가 나에게 화를 냈기 때문입니다.

"그 버스가 너에게 재미있지 않았다니 유감이구나, 주니 B." 그녀가 말했습니다. "하지만 네가 한 행동은 아주, 아주 잘못되었어. 네가 일으켰던 그 모든 소란을 못 봤니? 너는 많은 사람들을 아주 겁먹게 한 거야."

"네, 하지만 나는 내 머리 위로 초코 우유를 뒤집어쓰기 싫어요." 나는 엄마에게 설명했습니다.

"그런 일은 일어나지 않을 거야." 엄마가 으르렁거리듯 말했습니다. "그리고 너는 그냥 갑자기 너 혼자 버스를 타지 않겠다고 결정할 수 없어. 수백 명의 아이들이 매일 버스를 탄단다. 그리고 그 애들이 할 수 있다면, 마찬가지로, 너도 할 수 있는 거야."

그러자 내 두 눈이 다시 촉촉해졌습니다. "네, 하지만 거기에는 못된 애들이 있단 말이에요." 나는 크게 훌쩍이며 말했습니다.

그러자 엄마가 으르렁거리는 것을 멈췄습니다.

"네가 같이 탈 친구가 있으면 어떨까?" 그녀가 말했습니다. "네 선생님이 나에게 너희 반에 내일 처음으로 버스를 타는 여자아이가 있다고 하셨어. 어쩌면 너희가 같이 앉을 수도 있잖아. 그렇게 해 볼까?"

나는 내 어깨를 위아래로 으쓱거렸습니다.

"그 애 이름은 그레이스래." 엄마가 말했습니다.

"그레이스요?" 내가 말했습니다. "엄마! 나 그 그레이스 알아요! 나 오늘 그 애에 대해 배웠거든요!"

그리고 그래서 우리가 집에 도착했을 때, 엄마는 그 그레이스의 엄마에게 전화했습니다. 그러고 나서 그들은 이야기했습니다. 그런 다음 마찬가지로, 나와 그 그레이스도 이야기했습니다. 나는 안녕이라고 했고 그 애도 안녕이라고 했습니다. 그리고 그 애는 나랑 같이 앉겠다고 말했습니다.

그리고 그러면 내일 나는 버스에 내 작은 빨간 손가방을 가져갈 거예요. 그리고 나는 그것을 내 옆자리에 놓아서 아무도 거기 앉지 못하게 할 것입니다.

물론, 그 그레이스만 빼고 어느 누구도 말이에요.

그리고 그러면 그녀와 나는 단짝이 될지도 모릅니다. 그러면 우리는 손을 잡을 수 있습니다. 꼭 나와 루실처럼 말입니다.

내 생각에, 나는 그게 마음에 들 것 같습니다.

그리고 또 이거 아세요?

게다가, 내일이 되면 내가 노란색을 조금은 좋아하게 될지도 몰라요.

Chapter 1

1. B My name is Junie B. Jones. The B stands for Beatrice. Except I don't like Beatrice. I just like B and that's all.

2. A Today was my first day of school. I'd been to my room before, though. Last week Mother took me there to meet my teacher.

3. B Her name was Mrs.—I can't remember the rest of it. Mrs. said I looked cute. "I know it," I said. "That's because I have on my new shoes." I held my foot way high in the air. "See how shiny they are? Before I put them on, I licked them. "And guess what else?" I said. "This is my bestest hat. Grampa Miller bought it for me. See the devil horns sticking out the sides?"

4. D Mrs. sat on her desk. Then she and my mother talked more about the bus. I tapped on Mrs. "Guess what? I still don't know where it's goin' to." Mrs. smiled and said the bus driver's name was Mr. Woo. "Mr. Woo," said Mother. "That's an easy name for Junie B. to remember." I covered my ears and stamped my foot. "YEAH, ONLY WHERE'S THE STUPID SMELLY BUS GOIN' TO?"

5. C After that, my mother sat me down and explained about the bus. She said it's yellow. And it's called a school bus. And it stops at the end of my street. Then I get on it. And sit down. And it takes me to school.

Chapter 2

1. A I stayed scared about the bus for a whole week. And last night when my mother tucked me into bed, I still felt sickish about it. "Guess what?" I said. "I don't think I want to ride that school bus to kindergarten tomorrow."

2. D And this morning I felt very droopy when I got up. And my stomach was squeezy. And I couldn't eat my cereal. And so I watched TV until Mother said it was time to get ready to go. Then I put on my skirt that looks like velvet.

3. C And guess what? There was another mother and little girl there, too. The little girl had curly black hair—which is my favorite kind of head. I didn't say hello to her, though. 'Cause she was from a different street, that's why.

4. B Then finally this big yellow bus came around the corner. And the brakes

screeched very loud. And I had to cover my ears. Then the door opened. And the bus driver said, "Hi! I'm Mr. Woo. Hop on!" Except I didn't hop on. 'Cause my legs didn't want to.

5. C "Look how big that little girl is acting, Junie B.," said Mother. "Why don't you sit right next to her? It'll be fun. I promise."

Chapter 3

1. C The little curly girl was sitting near the front. And so I tapped on her. "Guess what?" I said. "Mother said for me to sit here." "No!" she said. "I'm saving this seat for my best friend, Mary Ruth Marble!" Then she put her little white purse on the place where I was going to sit.

2. B Jim's backpack had lots of zippers. I touched each one of them. "One . . . two . . . three . . . four," I counted. Then I unzipped one. "HEY! DON'T!" yelled Jim. He zipped it right up again. Then he moved to the seat in front of me.

3. A Then the bus began getting very noisy and hot inside. And the sun kept shining down on me and my fuzzy hot sweater. And here's another hot thing. I couldn't roll down my window because it didn't have a handle. And so I just kept on getting hotter and hotter.

4. D "I want to get off of here," I said right out loud. But nobody heard me. "I hate it in this stupid smelly bus." Then my eyes got a little bit wet. I wasn't crying, though. 'Cause I'm not a baby, that's why.

5. C I jumped up very fast. 'Cause all I wanted to do was get off that stupid smelly thing! Only guess what? That Jim pushed right in front of me. And the curly mean girl did, too. And then people started squishing me real tight. And so I pushed them away. And they pushed me right back.

Chapter 4

1. D After that, Mrs. clapped her hands together very loud. "I want everyone to find a chair and sit down as fast as you can," she said. That's when I ran to the table with the red chair. Only guess what? There was already someone

sitting there! A girl with little red fingernails.

2. A After that, Mrs. walked to a big closet in the back of the room. It's called the supply closet. She got out boxes of new pointy crayons and some white circles. Then she passed them out. And we had to print our names on the circles and pin them to our fronts. It was our first work.

3. C Then Mrs. passed out drawing paper. And we drew pictures of our family. Mrs. put a happy-face sticker on mine. It was very good. Except I made my father too teeny. And Mother's hair looked like sticks. After that, Mrs. took our class on a walk around the school. Everyone had to find a buddy to walk with. My buddy was Lucille. We held hands.

4. B The first place we walked to is called the Media Center. My mother calls it a library. It's where the books are. And guess what? Books are my favorite things in the whole world! "HEY! THERE'S A JILLION OF THEM IN HERE!" I hollered, feeling very excited. "I THINK I LOVE THIS PLACE!"

5. B "Ummm!" I said. "It smells yummy in here! Just like pasketti and meatballs!" Then that Jim turned around and held his nose. "P.U. . . . I smell you," he said.

Chapter 5

1. C The only boy who got to go into the bathroom was the boy I can beat up. He was jiggling around very much. Then he started running all over the place. And he was holding the front of his pants. "William!" said Mrs. "Are you having an emergency?" Then William yelled, "YES!" And he ran right in there.

2. A I touched Lucille's fingernails. She said that her fingernail polish is named Very Very Berry. "I would like to have my fingernails red, too," I said. "But I'm only allowed to have the kind of polish that makes them look shiny. Its name is Clear. Clear is the color of spit."

3. B Lucille nodded her head. "My brother said when you ride home on the bus, kids pour chocolate milk on your head."

4. C After we got back to Room Nine, we did some more work. It was a game

to help us learn each other's names. I learned Lucille. And also a girl named Charlotte. And another girl named Grace. Then I learned a boy named Ham— which we eat at Grandma Miller's.

5. D "Get in line! Get in line!" said Mrs. "When we get outside, I want all of my bus students to come with me. The rest of you must go to the crossing guard." Everyone was lining up. I was the very last one.

Chapter 6

1. A Anyway, I stayed scrunched behind the teacher's desk for a while. And then I saw a better place to hide. It was the big supply closet in the back of the room. And so I ran back there very fast. And I squeezed onto the bottom shelf. I squeezed right on top of the construction paper.

2. B "One of my little girls is lost," said a voice that sounded like Mrs. "Her name is Junie B. Jones. And she didn't get on the bus. So now we've got to go out looking for her."

3. D I just stayed there all bended up. And I told myself a story. Not an out-loud story. I just told it inside my head. It was called "The Little Hiding Girl." I made it up.

4. A After that, I went back to the closet. 'Cause while I was hiding, I sniffed the smell of clay, that's why. And clay is my very favorite thing in the whole world! "Hey! I see it up there!" I said. The clay was on the middle shelf. I stood on a chair to get it.

5. C Then I stood up on my teacher's chair and clapped my hands together very loud. "I want everyone to find a chair and sit down! Today we are going to learn some alphabet and some reading. And also, I will teach you how to make a blue orange. But first, everyone has to watch me draw stuff."

Chapter 7

1. B After a while, I started to get a little bit thirsty. That's what happens when chalk sprinkles get in your throat. "I would like a drink of water, I think," I

said.

2. C Anyway, I didn't see anybody in the hall. And so I opened the door a crack. And I sniffed. 'Cause when you sniff, you can smell if there's people around.

3. D The Media Center is kind of like a fort. The shelves are like walls. And the books are sort of like bricks. And you can move some of them around and make peeky holes. Peeky holes are what you spy out of.

4. B It was funner than anything! 'Cause an electric pencil sharpener makes a nice noise. And you can make pencils as teeny as you want. You just keep pushing them into the little hole. And they just keep on getting teenier and teenier.

5. D Just then I heard a noise! It was walking feet. And it made me scared inside. 'Cause I didn't want anyone to find me, that's why! And so I squatted way down and looked through my peeky hole. Then I saw a man with a trash can!

Chapter 8

1. D I put a green circle on my knee. That's where I fell down on the sidewalk last week. It's mostly all better now. But if I press it very hard with my thumb, I can still make it hurt. After that, I put a blue tangle on my finger. That's where I got a splinter from the picnic table. Mother pulled it out with tweezers. But there's still some table in there, I think. Also, I put a red square on my arm. That's where Tickle scratched me. Because I got him all wound up.

2. D Just then I saw the nurse's purple sweater. It was hanging on her chair. I put it on. "Now I'm the nurse," I said.

3. B Then I sat down. And I pretended to call the hospital. "Hello, hospital? It's me, the nurse. I need some more Band-Aids and some aspirins and some cherry cough drops. Only not the kind that make your mouth feel freezy. "And I need some lollipops for when kids get needles."

4. C I ran over and picked them up. Then I put them under my arms. Only

they were way too long for me. And I didn't swing that good.

5. A "HEY!" I shouted. "GET ME DOWN FROM HERE!" Then I wiggled around. And one of the crutches slipped. And I came crashing down! And I banged my head on the desk!

Chapter 9

1. A And so all of a sudden I had to run down the hall speedy quick! Right to the girls' bathroom! Only guess what? When I got there, that stupid door wouldn't open, either! And so I kicked it. And I hanged on the handle. 'Cause I weigh thirty-seven. "OPEN UP AND I MEAN IT!" I yelled. But the door kept on staying shut!

2. C Only just then I remembered something else about 'mergencies. 'Cause Mother told me what to do if I ever needed help. And its name is Call 911! And so then I ran back to the dangerous nurse's office. 'Cause that's where the phone was, of course! And then I picked it up. And I pushed the 9! And the 1! And another 1! "HELP! THIS IS A 'MERGENCY!" I yelled. "ALL THE DOORS ARE LOCKED IN THIS PLACE! AND NOW I'M GOING TO HAVE A TERRIBLE ACCIDENT!"

3. D And I just kept running and running till I got to the big doors at the end of the hall. And then I runned right outside! 'Cause maybe there might be a little toilet out there or something.

4. B And they kept on getting closer and closer! And then a big green fire truck came zooming right around the corner! And a white police car! And a fast red ambulance! And guess what else? They turned right into the school parking lot! And so I stopped jiggling for a second. And I sniffed the air. Only I couldn't smell any smoke!

5. D "Yeah, only that's the trouble. I can't hold it!" I said. "I already holded it all I can! And now I'm having a 'mergency! And all the bathrooms are locked! And now I'm going to have an accident very quick!" And then the man with the can didn't look so grouchy anymore. "Well, why didn't you say so, sis!" he

said. Then he pulled a big bunch of keys out of his pocket. And he grabbed my hand. And then him and me zoomed back into the school! Speedy fast!

Chapter 10

1. C Principal started asking me a jillion questions. Mostly they were questions about hiding in the supply closet. "I'm a good hider," I told him. Principal acted a little bit grumpy. He said I wasn't allowed to do that anymore.

2. D "Yes, but I didn't want chocolate milk poured on my head," I explained to her. "That's not going to happen," growled Mother. "And you can't just suddenly decide for yourself not to ride the bus. Hundreds of kids ride buses every day. And if they can do it, you can do it, too."

3. A "What if you had a friend to ride with?" she said. "Your teacher told me there's a girl in your class who will be riding the bus for the first time tomorrow. Maybe you could sit together. Would you like that?"

4. C And so when we got home, Mother called that Grace's mother. And then they talked. And then me and that Grace talked, too. I said hi and she said hi. And she said she would sit with me.

5. B And so tomorrow I get to take my little red purse on the bus. And I get to put it on the seat next to me so nobody will sit there. Nobody except for that Grace, of course.

주니 B. 존스와 멍청하고 냄새나는 버스
(Junie B. Jones and the Stupid Smelly Bus)

초판 발행 2021년 7월 1일

지은이 Barbara Park
기획 이수영
책임편집 정소이
편집 정소이 박새미
콘텐츠제작및감수 롱테일북스 편집부
저작권 김보경
마케팅 김보미 정경훈

펴낸이 이수영
펴낸곳 (주)롱테일북스
출판등록 제2015-000191호
주소 04043 서울특별시 마포구 양화로 12길 16-9(서교동) 북앤빌딩 3층
전자메일 helper@longtailbooks.co.kr
(학원·학교에서 본 도서를 교재로 사용하길 원하시는 경우 전자메일로 문의주시면
자세한 안내를 받으실 수 있습니다.)

ISBN 979-11-91343-08-3 14740

롱테일북스는 (주)북하우스 퍼블리셔스의 계열사입니다.